전문성을 탑재한 AI

인공지능총서

인공지능 시대입니다. 기계가 인간의 인지를 대신하고, 사물이 인간을 통하지 않고 다른 사물과 직접 커뮤니케이션합니다. 이에 따른 인간 삶과 문명 변화를 정확히 이해·예측·대응하는 것은 이 시대 우리 모두의 과제입니다. 인공지능총서는 인공지능 기술과 환경의 여러 주제를 10가지 키워드로 정리합니다. 관련 개념과 이론, 학계와 산업계의 쟁점, 우리 일상의 변화를 다룹니다. 인간과 기술의 현재, 미래를 세심히 분석합니다.

일러두기

- 인명, 작품명, 저서명, 개념어 등은 한글과 함께 괄호 안에 해당 국가의 원어를 병기했습니다.
- 외래어 표기는 현행 어문규정의 외래어표기법을 따랐습니다. 다만 '딥러닝', '딥마인드', '딥페이크' 등은 관행을 따랐습니다.

처음이세요?

전문가세요?

전문성을 탑재한 AI

김동원

대한민국, 서울, 커뮤니케이션북스, 2024

전문성을 탑재한 AI

지은이 김동원
펴낸이 박영률

초판 1쇄 펴낸날 2024년 9월 13일

커뮤니케이션북스(주)
출판 등록 2007년 8월 17일 제313-2007-000166호
02880 서울시 성북구 성북로 5-11
전화(02) 7474 001, 팩스(02) 736 5047
commbooks@commbooks.com
www.commbooks.com

ISBN 979-11-288-2785-3 03500

책값은 뒤표지에 표시되어 있습니다.

차례

전문성을 탑재한 AI

"요즘 인공지능(AI) 기술이 참 대단하네요. 업무에 도움을 많이 준다던데 우리 회사에도 도입할 방안을 생각해 보세요."

챗GPT 등장 이후 기업에서 흔히 볼 수 있는 풍경이다. 기업들이 업무에 AI 도입을 서두르고 있다. 최고경영자(CEO)나 관리자가 먼저 AI 도입 방안을 고민해 보라고 얘기할 정도다. AI가 가져올 수 있는 긍정적인 효과를 직접 눈으로 확인했기 때문이다.

한 기업은 대표가 직접 각 부서에 생성형 AI를 활용할 수 있는 방안을 고민해 오라는 과제를 전달했다고 한다. 이후 각 부서는 생성형 AI 활용법을 고민했다. 영업부는 구매 데이터 분석을 통해 영업 기회를 식별하고 판매 전략을 최적화하는 방법을, 마케팅부는 블로그와 소셜네트워크서비스(SNS) 등에 글과 이미지를 활용하고, 뉴스레터 등 다양한 마케팅 콘텐츠를 생성하는 방법을, 제품개발부는 제품 설명서나 사용자 매뉴얼 등을 작성하는 문서 작업에 사용하는 방법을 고민했다. 부서마다 기존에 생각하지 못한 다양한 아이디어들을 냈다.

그리고 실패했다. 여러 아이디어를 실무로 옮기지 못했다. 영업부가 제시한 방안처럼 구매 데이터를 분석하려면 기업 데이터를 챗GPT에 입력해야 하는데 보안 문제에 걸렸다. 고객 데이터는 개인정보가 포함돼 있어 민감 데이터로 분류된다. 함부로 입력했다가 고객 정보가 노출될 수 있는 위험이 있기 때문이다. 마케팅 콘텐츠 역시 마찬가지였다. 챗GPT는 여러 아이디어를 제안했지만 탄산 빠진 사이다 같은 답변만 했다. 핵심을 쏘지 못하고 밍밍한 얘기만 했다. '이러한 방법도 있구나'라는 아이디어는 얻을 수 있었지만, 마케팅부가 기대했듯이 AI로 콘텐츠를 대신 생성하는 일은 할 수 없었다. 제품개발부도 상황은 비슷했다. 제품 설명서를 작성해 주길 바랐지만 챗GPT는 보편적인 텍스트들만 출력했다. 제품 정보나 사용 설명은 없었다. 그럴 수밖에 없었던 것이 챗GPT는 해당 제품을 모르고, 사람이 그 정보를 입력하면 보안 우려가 있었기 때문이다. 챗GPT 무료 버전을 사용하든 유료 버전을 사용하든 마찬가지였다.

결국 기업이 내린 결론은 '실무에 활용할 수 있을 때만 개별적으로 활용하라'는 것이었다. 여기에 기업에서 가진 민감 데이터에 대한 입력은 못 하게 했다. 기업 대표도 직원들도 기대한 바가 컸지만, 실제 업무에 AI를 활용할 수 있는 분야는 적었다. 첨단 스마트폰을 얻은 느낌이었지만, 군사 보안이 심한 군대에 입대한 느낌이었다. 좋은 기술을 활용하지 못한다는 답답함도 컸다.

챗GPT의 등장은 누구나 AI를 사용할 수 있다는 기대감을 줬다. 실제로 챗GPT는 이미 많은 사람이 다양한 분야에 활용하고 있다. 행사 포스터에 들어가는 이미지를 만들기도 하고, 학교 과제 등에 사용하는 경우도 많다. 그런데 챗GPT는 기업에선 유독 활용이 힘들다. 대학생에 비유하면 챗GPT는 아직 전공을 정하지 않은 자율 전공자다. 배경지식이 풍부하고 다양한 일을 할 수 있지만, 한 분야를 전문적으로 공부하진 않았다. 그만큼 전문성이 떨어진다. 재능은 많지만 아직 회사엔 취업하지 않아 회사 시스템을 모르는 것과 유사하다.

이 때문에 많은 기업에선 챗GPT와 같은 생성형 AI에 전문성을 탑재하고 있다. 챗GPT와 유사하게 작동하면서도 기업에 활용할 수 있는 전문 모델이 만들어지는 중이다. 전문성을 탑재한, 전문 AI가 등장하기 시작한 셈이다.

AI의 쓰임은 계속 연구돼 왔다

전문성을 탑재한 AI는 갑작스럽게 등장하진 않았다. AI 연구가 지속되면서 기업 실무에 활용할 수 있는 방향의 연구도 계속 이뤄졌다.

대표적인 사례가 세일즈포스(Salesforce, Inc.)의 AI '아인슈타인'이다. 세일즈포스는 엄밀히 말하면 AI 기업은 아니다. 고객관계관리(CRM) 기업으로 시작했다. 하지만 이 기업은 고객 접점 관리에 필요한 서비스를 제공하기 위해 AI를 활용하는 방법을 찾았다. 그만큼 AI 활용에 진심이었다. '아인슈타인'이라는 명칭을 유족에게 구매해 AI 아이덴티티를 구축한 것도 세일즈포스가 AI를 얼마나 중요하게 여기는지 보여 주는 대목이다.

AI '아인슈타인'은 이세돌 바둑 기사와 대결한 AI '알파고'와 동갑이다. 같은 연도인 2016년에 출시됐다. 고객접점관리에서 필요한 서비스를 공급하던 세일즈포스가 더 효율적인 서비스를 위해 개발·출시했다. '아인슈타인'은 '알파고'와 같은 시기에 등장했지만 사용 목적이 달랐다. '알파고'가 바둑 대결로 딥러닝의 우수성을 알리고 이로 인해 수많은 연구 성과를 내게 했다면, '아인슈타인'은 AI로 비즈니스 성과를 얼마나 높일 수 있는지를 직접 증명하는 역할을 했다. 사람으로 가정하면 알파고는 연구실 조교로, 아인슈타인은 기업 인턴으로 근무한 셈이다. 일례로 독일 코카콜라는 제품을 매장 어느 곳에 배치하면 매출이 많이 발생할지, 현재 고객 요구 사항은 무엇인지 등을 아인슈타인으로 분석해 영업 성과와 고객 만족도를 함께 높였다.

세일즈포스의 '아인슈타인'은 비즈니스에서 활용할 수 있는 AI, 즉 전문적인 분야에 활용할 수 있는 AI를 연구한 대표 모델이다. AI라고 할 때 많이 인용되는 영화는 〈아이언맨〉이다. 국내에서도 인기 있는 이 영화 주인공에게는 '자비스'라는 AI 비서가 있었다. '자비스'는 주인공이 슈트나 무기를 만들거나 적과 싸울 때 옆에서 지원해 주는 역할을 했다. 이처럼 사람들은 AI가 업무를 도와주길 바란다. 비즈니스에 실질적으로 적용할 수 있는 AI 모델을 바라고 있다. 이러한 수요는 과거부터 있었고, AI에 전문성을 탑재하는 시도 역시 계속해서 이뤄졌다.

LLM 등장, AI 산업에 변화를 가져오다

비즈니스 영역에서 AI는 사실 곧잘 활용되었다. 제조업에서 제품 불량 여부를 탐지하거나 CCTV 영상에서 사람이 쓰러지는 행위를 탐지하는 등 데이터 분석, 변화 탐지 분야에서 AI는 이미 활용되고 있었다. 그리고 그 변화는 이른바 초거대 AI라 불리는 '대형 언어 모델(LLM, Large Language Model)' 등장 이후 가속이 붙었다. 챗GPT가 AI 활용성을 입증했기 때문이다.

LLM 등장은 AI 산업에도 변화를 불러왔다. 언어 모델을 서비스하는 AI 기업은 크게 두 가지로 사업 방향이 정해졌다. LLM과 같은 파운데이션 모델을 만들거나, 이미 만들어진 파운데이션 모델을 각 기업에 맞게 쓸 수 있게 제공하거나다. 이 두 가지 사업 방향을 주축으로 기업들은 사업을 펼치기 시작했다.

보통 파운데이션 모델을 만드는 기업은 빅테크 기업들이다. 챗GPT처럼 많은 정보를 아는 '만능 지식인'을 만들어 내기 위해선 방대한 양의 데이터를 주입해야 하는데, 이를 소화할 수 있는 컴퓨터를 만들려면 막대한 자본이 필요하기 때문이다. 이렇게 만든 파운데이션 모델에 더 작은 특정 데이터 세트를 추가로 학습시키고, 특정 작업에 맞게 조정해 각 기업이 전문적으로 사용할 수 있게 하는 역할은 보통 중소기업과 스타트업 기업이 담당한다. 기계가 글을 이해하는 기계독해(MRC), 방대한 양의 대규모 원천 데이터에서 AI가 필요로 하는 특정 정보나 지식만 정확하게 검색하는 검색 증강 생성(RAG, Retrieval-Augmented Generation), 기업에 분산된 데이터를 분석할 수 있는 기술 등을 보유한 기업에서 LLM을 각 기업이 쓸 수 있게 전문적으로 바꿔 주는 역할을 하고 있다.

전문성을 탑재한 AI를 쓰는 방법

전문성을 탑재한 AI는 기업에서 활용도가 높다. 우선 기업 정보를 잘 안다. 기업에 산재한 데이터를 추가로 학습했기 때문이다. 직원들이 궁금해하는 정보를 생성형 AI가 빠르게 답변할 수 있고 관련 정보도 찾아 줄 수 있다. 일례로 설비 엔지니어가 5년 전 한 장비의 고장 리포트를 봐야 한다. 그런데 수중에 자료가 없다. 그래서 팀에 소속된 선후배들에게 물어봤다. 팀에 담당이 세분돼 있어서 일일이 물어봐야 했다. 하지만 찾을 수가 없다. 선배들도 업무가 바빠 자료를 적극적으로 찾지 않고 모른다고 하는 경우가 많다. 귀찮아하는 것 같아 계속 물어보기가 미안하다.

하지만 전문성을 탑재한 생성형 AI가 등장한 이후로 달라졌다. AI 챗봇을 이용하면 리포트에 있는 내용을 알려 준다. AI가 회사에 있는 리포트를 모두 학습했기 때문이다. 사원들은 휴가 제도, 출퇴근 등 사내 복지 제도나 회사 규정 등을 AI에 물어보고 빠르게 파악할 수 있고,

특히 신입 사원들은 회사 정보나 업무에 대한 지식 등을 AI를 통해 배울 수 있다. 로봇 프로세스 자동화(RPA)와 같은 업무 자동화 기능과 AI를 연계하면 "경력증명서 발급해 줘"라는 텍스트 입력만으로 메일로 빠르게 증명서를 받아 볼 수 있다. 과거에는 경영지원실에 연락하고 업무를 요청해야 했던 일이었다.

전문성을 탑재한 AI의 또 다른 장점은 보안이다. 챗GPT와 같은 범용 모델에 회사의 정보를 입력하긴 꺼림칙하다. 회사 내 정보가 유출될 수 있기 때문이다. 이미 오픈AI는 2023년 3월 일부 사용자의 대화 이력을 노출한 전례가 있다. 챗GPT와 나눈 대화 주제 이력이 타인에게 고스란히 노출됐다. 회사의 민감 정보 등에 관한 대화 이력이 있었다면, 만약 경쟁사가 그 내용을 봤다면 회사엔 상당한 시련이 왔을 일이었다.

기업에서 전문적으로 사용할 수 있는 AI는 보안 우려를 줄일 수 있다. 아예 데이터가 밖으로 나가지 않게 사내 서버에 AI를 구축하는 '온프레미스(On-premise)' 방식을 이용할 수도 있고, 기업이 자체적으로 운영하는 '프라이빗 클라우드(Private Cloud)' 등 다양한 선택지를 활용할 수 있다. 챗GPT와 같은 범용 AI 모델은 보통 컴퓨팅 자원을 많이 쓰기 때문에 관련 인프라를 지원하는 범용 클라우드를 사용한다. 그만큼 선택지가 적다. 하지만 전문적으로 사용하는 AI는 범용 모델처럼 방대한 컴퓨팅 자원을 쓰지 않기 때문에 보안을 강화할 수 있는 선택지를 마련할 수 있다. 기업에서 AI를 안심하고 쓸 수 있는 이유다.

비용 부문에서도 강점이 있다. 기업의 근본적인 목표는 수익이다. 돈을 벌어야 기업을 운영할 수 있다. 기업에서 AI를 도입하는 이유도 생산성을 높여 수익을 확보하기 위한 목적 때문이다. 그런데 챗GPT와 같은 범용 AI 모델은 운영비가 상당하다. 컴퓨팅 자원을 구축하는 데만 1조 원 이상이 투입된다. AI가 아무리 좋더라도 기업이 구축비와 운영비를 모두 부담하긴 힘들다. 기업에 최적화한 AI 모델은 필요한 기능만 넣었다. 해당 회사에 필요한 기능만 제공한다. 노래도 잘 부르고, 춤도 잘 추고, 테니스도 잘 치는 직원이 직장에선 일만 하듯이, 전문성을 탑재한 AI는 해당 전문 분야에서만 강점이 있다. 그만큼 모델의 크기는 줄어든다. 구축비와 운영비가 저렴해지는 것이다. 그만큼 기업에선 비용 효율적으로 AI를 이용할 수 있다.

AI도 MBTI가 있다

그렇다면 AI에 전문성을 탑재하면 완벽할까. 장점이 뚜렷한 만큼 단점도 존재한다.

"AI도 MBTI가 있다." AI 산업을 취재하며 종종 듣는 말이다. 'AI도 쓰임이 있다'는 말을 비유한 표현이다. 전문성을 탑재한 AI는 T 성향이 짙다. 업무에 사용하기 위해선 전문적이어야 하고 냉철해야 한다. 감성적이기보단 이성적이어야 한다. 하지만 업무 외적으로는 감성적인 AI도 필요하다. F 성향이 필요한 이유다. 예를 들어 업무에선 정확하게 필요한 정보를 검색해 주거나 알려주는 것이 필요하다. 하지만 창작의 영역에선 다른 얘기다. 새로운 아이디어를 제시하는 것이 필요하다. 사실 여부는 중요하지 않다. 이 때문에 창작 영역에선 F 성향의 AI가 더 주목받는다.

이 책에서 얘기하는 전문성을 탑재한 AI는 기업에서 실제로 활용할 수 있는 T 성향에 가까운 AI다. 전문적이고 이성적이다. 이 AI는 영감을 제공하는 등의 F 성향 역할은 할 수 없다. 사용에 명확한 목적이 있기 때문이다.

LLM 모델을 파인 튜닝(Fine tuning)하는 방식으로 AI를 도입한 기업에서는 종종 임직원들이 AI 사용에 만족하지 못한다고 토로한다. 그 이유는 임직원들이 챗GPT

에 익숙하기 때문이다. 챗GPT는 방대한 내용의 정보와 영감을 제공하고, 유료 버전의 경우 이미지도 생성해 준다. 하지만 전문성을 탑재한 AI는 한계가 있다. 크기가 작고 보안이 강화된 만큼 할 수 있는 역할은 부분적이다.

한 기업 담당자에 따르면 AI를 구축했더니 "야, 이거 힘들게 구축했는데 왜 이렇게 대답을 못 해?"라는 지적을 들었다고 한다. 알고 보니 회사 내 정보가 아닌 다른 정보를 물었을 때 답을 하지 못해서였다. AI 사용자는 꼭 회사 내 정보만을 요구하지 않는다. 업무가 한정돼 있지 않기 때문에 다른 분야의 내용도 궁금해하고 업무 외적인 내용도 알고 싶어 한다. 하지만 기업에서 쓰는 AI는 전문 분야만 알고 있어 사용에 한계가 있다. 이 점에 실망하는 것이다. 이 때문에 최근 AI 기업과 조직은 AI 모델에 관련 논문이나 기사 등도 학습시키고 있다. 회사 내에 있는 전문 데이터뿐 아니라 외부 데이터까지 함께 학습시켜 성능을 고도화하고 있다. 그러나 전문성을 탑재한 AI는 챗GPT처럼 방대한 데이터를 학습하지 않았기 때문에 모든 사용자를 만족시킬 수 없다. 챗GPT의 MBTI가 어떤 것으로 규정할 수 없고 모든 것을 갖춘 이상적인 존재라면, 전문성을 탑재한 AI는 분명한 T 성향의 AI이기 때문이다.

그렇다면, 전문성을 가진 AI라고 무조건 T일까? 이젠 F 성향의 전문성을 가진 AI도 개발되고 있다. 일명 '감성 AI'다. 2024년 7월, 정부 구축 공공 데이터는 어디에 활용되고 있는지 한국지능정보사회진흥원(NIA)에 물었다. AI 허브(Hub)에 구축된 데이터는 어떻게 활용될까 궁금했기 때문이다. 그 결과 한국어-영어 번역(병렬) 말뭉치 데이터, 한국어 음성, 감성 대화 말뭉치 순으로 많이 활용되고 있었다. 활용 건수가 가장 높은 기업은 삼성이었다. LG, 네이버, KT, SK, 카카오, 마인즈앤컴퍼니가 그 뒤를 이었다.

여기서 주목된 것은 감성 대화 말뭉치다. 그동안 챗봇이 사용자가 필요로 하는 정보만 딱딱하게 제공했다면, 이젠 감성적인 대화를 하는 AI에 대한 수요가 커지고 있다. 하나의 인격을 가진 일명 '페르소나 챗봇'이 대표 사례다. 이미 네이버는 웹툰 캐릭터를 토대로 챗봇을 만들었고, 국내 AI 기업인 튜닙은 사자성어로 대답하는 챗봇부터 연애 고민 해결 챗봇, 진지한 고민 해결 챗봇, 고양이 챗봇 등 50종 이상의 페르소나 챗봇을 서비스하고 있다.

앞으로 F 성향의 AI의 수요는 증가하리라 예상된다. 전문성을 탑재한, 즉 T 성향의 AI는 기업 간 거래(B2B,

Business to Business) 용도로 많이 쓰였다. B2B 시장이 돈을 벌기 쉬운 구조여서다. 하지만 이제 기업과 소비자 간의 거래(B2C, Business to Consumer) 시장에서도 AI 쓰임이 많아졌고, B2B 시장에서도 감성적으로 대화할 수 있는 AI 수요가 늘어나면서 F 성향의 챗봇에 대한 수요가 증가하고 있다. 일례로 전화 상담에 사용되는 챗봇의 경우 그동안 고객의 성향에 상관없이 똑같은 목소리와 어조로 말했다면, 이젠 어르신에겐 어르신에게 맞게, 아이에겐 아이에게 맞게 상담할 수 있는 AI가 개발되고 있다. 전문성을 탑재한 AI의 MBTI 경계가 사라지고 있는 것이다.

전문성 있는 AI를 구축한 사람들의 이야기

기업에서 사용하는 AI에 전문성을 탑재하려면 AI만 노력해선 안 된다. 기업에서도 노력을 해야 한다. AI는 데이터를 기반으로 운용되기 때문에 데이터 정립도 필요하다. 기업은 부서별로 분산된 데이터를 하나로 합쳐야 전문성 있는 AI를 활용할 수 있다.

전문성을 탑재한 AI는 쓰임에 한계가 있기 때문에 기업에서는 AI를 어디에 어떻게 사용할지도 고민해야 한다. 챗GPT처럼 많은 업무를 하지 못하지만, 해당 분야에선 더 높은 성능을 구현하므로 그 분야를 잘 찾을 필요가 있다. 이뿐만 아니라 직원들의 교육도 필요하고 지속적인 피드백도 받아야 한다. 우리 회사에 가장 적합한 파운데이션 모델은 무엇인지 찾아야 하고, 혹은 아예 파운데이션 모델을 만들 것인지도 고민해야 한다.

'전문성을 탑재한 AI'라는 제목의 이 책은 기업이 AI의 전문성을 찾아가는 여정을 보여 준다. 기업에서 AI를 활용할 때 범용 AI 한계는 무엇인지, 전문성이 있는 AI 모델은 왜 필요한지를 보여 주고 기업에서 AI를 잘 활용할 수 있는 방안을 사례 등을 통해 알려 준다.

이 책은 AI 활용에 주제를 두고 국내외 기업을 취재한 기자의 취재기다. 그동안 AI를 성공적으로 도입한 기업이나 이를 가능케 한 기업들의 이야기가 녹아 있다. 또 AI 구축에 실패한 사람들의 경험담도 들어가 있다.

기업에서 쓸 수 있는 AI를 만들기 위해 우리는 무엇을 준비해야 할까, 또 어떤 점이 필요할까. 이 고민을 먼저 시작했던 이들의 이야기를 통해 모두가 전문성 있게 AI를 쓸 수 있기를 바란다.

01
거대 모델과 경량화 AI

다윗과 골리앗의 싸움이 AI 무대에서 펼쳐졌다. 막대한 양의 데이터를 학습한 거대 모델을 제공하는 빅테크 기업과 기업이 필요로 하는 AI만 서비스하는 중소기업, 스타트업 기업들이 등장하고 있다. 골리앗 같은 범용 모델과 다윗을 상징하는 경량화 AI는 때론 경쟁하고 때론 화합하며 사용자의 AI 사용을 독려하고 있다. 골리앗이 전체 AI 판을 뒤바꿨다면 다윗은 판이 바뀐 AI 산업에 기업과 사용자가 비용 효율적이면서 친환경적으로 필요한 AI를 쓸 수 있는 환경을 제공한다.

AI와 1인 창업?

누구나 쉽게 올라탈 수 있는 거인의 등장

“내가 멀리 볼 수 있었던 것은 거인의 어깨 위에 서 있었기 때문이다.” 만유인력의 법칙을 발견한 아이작 뉴턴이 편지에서 인용해 유명해진 명언이다. 우리가 성취했다고 생각하는 것들이 사실은 다른 사람들이 쌓아 놓은 공적 덕분에 가능했다는 뜻이다. 그리고 지금 우리는 누구나 쉽게 멀리 볼 수 있는 기회를 얻었다. 사람들이 쌓아 놓은 공적, 즉 막대한 데이터를 학습한 거인인 대형 AI 모델이 등장했기 때문이다.

2016년 이세돌 바둑기사를 이긴 AI ‘알파고’가 세상에 알려진 후 2년이 지난 2018년, AI 분야에 변화가 시작됐다. AI가 몸집을 키우기 시작했다. 이른바 ‘초거대 AI’라 불리는 모델들이 등장한 것이다.

구글은 2018년 33억 개 토큰(단어)을 학습하고 3억 4000만 개 파라미터를 보유한 ‘버트(BERT, Bidirectional Encoder Representations from Transformers)’를 출시했다. 같은 해에 오픈AI는 현재 많이 알려진 ‘GPT(Generative Pre-trained Transformer)’의 초기 모델을 개발했다. GPT-1이라 불리는 이 모델은 1만1000권 이상의 무료 소설을 제공하는 북코퍼스(BookCorpus) 데이터 세트를 학습했다. 파라미터 수는 1억1700만 개였다.

이듬해 오픈AI는 2019년 파라미터를 약 13배 늘린 15억 개의 파라미터를 사용해 모델을 훈련한 GPT-2를 출시하며 초거대 AI 산업을 이끌었다. 지금의 인기 있는 모델인 챗GPT는 GPT-3.5 버전부터 시작됐다.

AI 모델이 커지게 된 배경은 여러 가지가 있지만 딱 하나만 꼽자면 개발 효율성에 있다. 그동안 AI 산업은 특정한 데이터를 토대로 한 AI 모델을 개발했다. 그런데 AI 모델은 한 분야에서만 필요한 게 아니다. 하나의 기업에서도 부서, 업무별로 다양한 AI 기술이 필요하다. 기존에는 회사 내부 AI 팀이나 AI 기업이 요구 사항에 일일이 대응하며 필요한 모델과 서비스를 개별적으로 만들었다. 금융사를 예로 들면, 대출 담당 챗봇을 만들 때 은행 대출 상품, 은행 규정, 대출 규제, 지원책 등에 관한 데이터를 학습시킨 챗봇을 만들었고, 예금을 안내하는 챗봇을 만들 땐 다시 은행 예금 상품과 지원 제도 등에 관한 데이터를 학습시켜 만들었다. 직원들의 업무 자동화를 위한 AI 모델을 만들 땐 또 처음부터 필요한 데이터를 취합해 학습시켰고, 상담원을 조력하는 챗봇을 만들 땐 또 다시 데이터를 모으고 학습시키는 과정을 반복했다. 필요한 AI 서비스가 있을 때마다 데이터 취합과 구축 작업을 새롭게 해야만 했다.

그런데 꼭 데이터 취합과 학습 작업부터 다시 해야 할까? 데이터 취합이나 학습 과정에는 많은 시간과 노동이 들어간다. 당연히 AI 모델을 만들기까지 시간과 비용이 크게 발생했다. 여기서 나온 아이디어가 "차라리 막대한 양의 데이터를 처리할 수 있는 거대한 컴퓨터를 만들고 여기에 데이터를 모두 학습시키자"였다. AI 서비스를 만들 때마다 데이터를 처음부터 학습시키는 작업을 반복하지 말고, 차라리 많은 데이터를 학습한 기반 모델을 만들어 이를 활용하자는 취지다. 그렇게 되면 AI 기업이나 개발자가 새로운 작업을 할 때마다 새롭게 데이터를 취합하고 학습할 필요가 없기 때문이다.

여기서 등장한 개념이 '사전 학습(Pre-trained)'이다. 방대한 양의 데이터를 사전에 학습시키는 방법을 사용했다. 이를 토대로 초거대 AI, 지금의 '파운데이션' 모델이 탄생했다. GPT의 가운데 'P'도 데이터들을 사전 학습시켰다는 'Pre-trained'의 약자다.

거인, 전체 AI 판을 흔들다

방대한 양의 데이터를 한곳에 모아 놓고 학습시키자 예상하지 못했던 성과도 생겼다. 많은 양의 데이터를 학습함으로써 기존 언어 모델의 한계를 뛰어넘는 성과가 나타났다. 단순히 언어 데이터만 학습했을 뿐인데 언어 모델 안에서 논리 구조가 생긴다는 것을 입증했다.

구글이 패스웨이를 응용해 만든 '미네르바(Minerva)' 모델이 대표 사례다. '패스웨이'는 2021년 10월 구글이 공개한 거대 AI 모델로, 당시에는 4300억 개 파라미터를 보유하고 있었다. 학습한 토큰 수는 7800억 개로 알려졌다. 구글은 이를 기반으로 수학 문제를 논리적으로 해결할 수 있는 '미네르바'라는 AI 모델을 만들었다. 이 모델은 간단한 수학 문제부터 과학 문제 풀이, 수학 증명 등을 언어로 설명할 수 있다. 그런데 구글은 이 모델에 수학 문제를 학습시키지 않았다. 단순히 기호들만 학습시키고 계산하는 방법만 알려 줬다. 그런데 이 모델은 그 안에서 저절로 논리 구조가 생겨 수학 문제를 설명하기 시작했다. 방대한 양의 언어 데이터를 학습시킨 결과 그 안에서 논리 구조가 생긴다는 것을 증명한 사례다.

논리 구조를 가능케 한 초거대 AI가 가져온 가장 큰 혁신은 '생성'이다. 2022년 11월 등장한 챗GPT는 AI 신드롬을 일으켰다. 사용자가 입력한 텍스트, 즉 프롬프트를 통해 새로운 글을 생성했기 때문이다. 이 기술은 정보 검색과 아이디어 제안 등 다양한 분야에 변화를 일으켰다. 이른바 생성형 기술로 인한 AI 대중화가 실현된 셈이다.

'생성형 AI'는 '데이터를 만들어 내는 AI'를 뜻한다. 모델에 데이터를 입력하고 원하는 과업을 제시하면 이에 맞는 데이터를 출력해 준다. 컴퓨터 관점에선 데이터를 출력하는 것이고, 사용자 관점에선 콘텐츠가 생성되는 것이다.

생성형 기술은 AI 산업에도 변곡점을 가져왔다. 기존 AI를 대표하는 기술은 분류였다. 이미지 속에 있는 객체가 개인지 고양이인지, 사람들이 작성한 글이 악의적 의도가 있는 글인지 아닌지 구분하고 인식하는 분류형 모델이 주로 쓰였다. 생성형 AI는 이를 넘어 개와 고양이를 그리고, 악의적 의도가 있는 글을 순화해 작성한다. AI가 할 수 있는 일이 많아진 셈이다. 이 변화는 AI 대중화를 이끌었다. 사람이 일일이 작성해야 했던 글을 자동으로 써 주고, 수많은 페이지의 논문을 요약해 정리해 줬다. 또 검색 정보를 텍스트로 알려 주기도 했다. 단순히 글뿐만 아니라 이미지, 동영상도 만들어 사람들이 AI로 다양한 작업을 할 수 있는 환경을 제공했다.

많이 먹는 거인에 대항한 골리앗의 등장

많은 데이터를 학습해 몸집이 커진 AI는 여러 산업과 일상에 변화를 불러왔다. 사람들이 거인의 어깨에 타고 멀리 내다볼 기회를 제공해 줬다. 그런데 거인은 덩치가 큰 만큼 세밀한 작업을 못 한다. 거대한 빌딩을 세우는 데는 유리하지만, 이쑤시개로 조형물을 만드는 일은 할 수 없다. 손이 워낙 큰 탓이다.

이른바 초거대 AI라 불리는 덩치 큰 AI 모델도 한계가 있다. 개발과 운영에 돈과 전기가 많이 쓰인다. 거인과 일반 사람이 먹는 양이 다르듯, 초거대 AI도 많은 돈과 전기를 먹는다. 에마 스트루벨(Emma Strubell) 미국 매사추세츠대학교 교수 연구진이 2019년 발표한 논문에 따르면 구글이 초거대 언어 모델 '버트'를 학습시키는 동안 438lb(약 652kg)의 이산화탄소를 발생시켰다. 이는 비행기가 뉴욕에서 샌프란시스코를 왕복으로 오갈 때 뿜어내는 이산화탄소 배출량과 같다. 미국 전국에서 달리는 자동차 평균 이산화탄소 배출량의 약 5배에 해당하는 수치이기도 하다.

비용도 문제다. 거대 모델은 기본적으로 막대한 양의 데이터를 소화할 수 있는 컴퓨팅 자원을 필요로 한다. 수천 대 규모의 그래픽 처리 장치(GPU)와 메모리 반도체가 필요하다. H100, A100과 같은 고성능 GPU는 기본적으로 한 대당 기본적으로 1000만 원이 넘는다. AI 기업은 이 비용을 감당해야 하고 결국 비용을 충당하기 위해선 투자받거나 소비자에게 그만큼 비싼 가격에 서비스를 제공할 수밖에 없다.

이 문제에 대응하기 위해 만들어지고 있는 모델이 있다. 골리앗을 상대하며 등장한 다윗, 바로 경량화 AI다. 경량화 AI는 용량이 큰 범용 AI 모델과 달리 사용자가 필요로 하는 기능만 탑재한 모델이다. 범용적으로 쓰이는 파운데이션 모델에서 불필요한 부분은 빼고 필요한 것만 가져와 몸집을 줄였다. 전문적인 분야에 쓰인다고 해 전문 AI라고도 불린다.

경량화 AI는 비용과 환경 방면에서 모두 강점이 있다. 범용 모델보다 적은 전력을 사용하기 때문에 기업이 부담해야 할 환경 규제에서 비교적 자유롭다. 또 많은 양의 컴퓨팅 자원이 필요 없어 비용도 적게 든다. 이 때문에 AI 시장에서는 파운데이션 모델을 만드는 빅테크 기업에 대응해 전문화된 경량화 AI 모델을 제공하는 중소기업과 스타트업 기업이 많아졌다. 골리앗과 다윗이 서로 경쟁하고 화합하는 무대가 AI 산업 전반에 펼쳐진 것이다.

참고문헌

김동원(2022.6.23). [김동원의 Eye-T] 대기업 초거대 AI에 맞선

중소기업의 전략은?. AI타임스,
https://www.aitimes.com/news/articleView.html?idxno=145351

김동원(2022.8.31). [초거대 AI①] 전 세계 빅테크 기업들의 총아. THE AI,
https://www.newstheai.com/news/articleView.html?idxno=3290

김동원(2022.9.13). [초거대 AI③] 기술 우수성 뒤로 환경·편향성 등 문제 산적. THE AI,
https://www.newstheai.com/news/articleView.html?idxno=3333

김동원(2022.10.14). "초거대AI는 비싸다고? 우리는 '특화AI'가 있다". THE AI,
https://www.newstheai.com/news/articleView.html?idxno=3445

김동원(2022.12.2). "값비싼 초거대AI 뒤로 '가성비' 모델 뜬다". THE AI,
https://www.newstheai.com/news/articleView.html?idxno=3597

02
전문 AI의 정체

골리앗 AI의 등장은 사람들의 기대감을 높였다. 내 업무에도 골리앗과 같은 대형 언어 모델(LLM)을 사용할 수 있을까 하는 기대를 하게 했다. 하지만 골리앗은 직장에 들어오기엔 덩치가 너무 크다. 이에 등장한 것이 다윗과 같은 소형 언어 모델(sLLM)이다. LLM과 비슷한 기능을 제공하면서도 기업에서 활용하기 쉽도록 저렴한 비용과 강력한 보안을 제공한다. 골리앗이 가기 어려운 길을 다윗이 다니며 AI 기반 디지털 전환을 지원하고 있다.

AI와 MBTI?

박학다식한 거대 AI, 1위는 못 한다

학원에서 새로운 선생님을 구한다. 두 명이 지원했다. 한 명은 국어, 수학, 영어, 사탐, 과탐 등 모든 과목에서 85점을 받았다. 다재다능하다. 다른 한 명은 다른 과목은 평균 50점을 기록했지만, 수학만큼은 100점을 맞았다. 풀이 과정도 완벽했다. 그런데 지금 학원에서 채용하려는 선생님은 다름 아닌 수학 선생님이다. 이 학원은 누구를 채용해야 할까? 이 질문은 전문 AI와도 연관된다.

방대한 데이터를 사전 학습시킨 골리앗과 같은 거대 파운데이션 모델이 등장하며 AI에 대한 사람들의 기대치는 높아졌다. 오픈AI가 GPT라는 파운데이션 모델을 채팅 서비스로 선보인 '챗GPT'는 사람들이 텍스트를 입력하는 간단한 행동만으로 필요한 정보를 즉시 제공하고, 방대한 자료를 요약해 주며 AI 가능성을 증명하고 기대감을 높였다.

그런데 챗GPT는 정말 완벽할까? 오픈AI가 2022년 11월 처음 챗GPT(GPT-3.5)를 선보인 후 약 4개월 만에 이를 고도화한 GPT-4를 공개했다. 이와 함께 GPT-4가 대학교 입학시험을 본 결과를 보여 주며 높아진 성능을 과시했다. 100명이 시험에 응시했다고 가정할 때 GPT-4는 미국 로스쿨 입학시험(LSAT)에서 10위를 기록했다. 미국 대학교 입학 자격시험(SAT)에선 읽기는 7위, 수학은 11위를 했다. 모두 상위 10% 수준을 기록한 것이다. GPT-3.5의 경우 LSAT 시험에서 상위 60% 수준에 그쳤다.

GPT-4는 기존 모델보다 더 높은 점수를 기록하며 우수한 성능을 과시했다. 그런데 따지고 보면 여전히 1등은 아니다. 기업에선 이 모델을 믿고 쓸 수 있을까? 과연 학부모는 100점이 아닌 85점을 맞는 교사한테 비싼 돈을 내고 자녀 수학 교육을 맡길 수 있을까?

왜 업무에 챗GPT를 쓰지 못할까?

비즈니스 분야에선 1%의 오류가 큰 손실로 이어진다. 잘못된 정보 하나가 회사의 손익을 좌우한다. 챗GPT와 같은 범용 AI는 많은 것을 알지만 깊숙이 알진 못한다. 범용적인 분야에서는 사용하기 좋지만, 특정 분야에 깊이 적용하기엔 한계가 있다. 보안 등의 문제로 기업 내 데이터를 학습하지 못하기 때문이다.

사람으로 비교하면 아무리 박학다식한 사람이라도 특정 분야에서만큼은 해당 전문가보다 많이 알지 못하는 것과 유사하다. 의료 분야 책과 논문을 많이 본 사람도

의사를 대신할 순 없다. 공부를 많이 한 사람도 직장에 처음 들어가면 적응 기간이 필요하다. 전문 분야나 직장에선 쓰이는 용어와 업무 환경이 달라서다. 실제로 의료기관을 취재해 보면 아무리 경력이 많은 의사와 간호사도 이직하면 적응 시간이 필요하다고 한다. 같은 업무를 하더라도 병원마다 업무 환경이 다르고 전문 용어도 제각각 달리 부르기 때문이다. 이처럼 같은 직종이더라도 업무 환경이 다른 상황에서, 모든 상황에 똑같이 적용되는 범용 AI를 사용하기엔 한계가 있다. 범용 AI는 많은 것을 알지만, 해당 분야에 근무한 경험은 없는 똑똑한 신입과 마찬가지기 때문이다.

뒤에서 자세히 다루겠지만 잘못된 내용을 사실처럼 말하는 '할루시네이션(Hallucination, 환각)' 현상도 문제다. 2023년 6월 미국에선 30년 경력의 미국 변호사가 챗GPT에 의존했다가 청문회까지 간 사건이 발생했다. 변호사가 근거로 제시한 6건의 판례가 거짓으로 드러났기 때문이다. 당시 변호사는 법원에 선처를 구하며 챗GPT 도움을 받았다는 사실을 인정했다. "챗GPT에 판례가 사실인지 검증을 요청했더니 '맞다'고 답했다"며 "AI 챗봇을 한 번도 써 본 적이 없어 콘텐츠가 가짜일 수 있다는 점을 간과했다"고 해명했다. 범용으로 사용되는 거대 AI 모델을 업무에 잘못 적용했다간 피해를 볼 수 있다는 것을 보여 준 대표 사례다.

골리앗 LLM과 다윗 sLLM

하지만 쓰고 싶다. 챗GPT와 같이 편리한 기능을 업무에 사용하고 싶다. 챗GPT는 등장과 함께 AI 산업에 어려 변화를 가져왔는데 그중 하나가 사용자의 눈높이다. 챗GPT는 출시 1주 만에 100만 명 이상 이용자를 확보했다. 그동안 AI 관련 소식을 뉴스나 기업 블로그 등을 통해 확인했던 대중이 실제로 AI를 사용하게 됐다. 파장은 컸다. 사람들은 어떤 목적이든 AI를 사용하는 데 챗GPT와 같은 성능을 원하게 됐다. 이제 사람들은 어떤 정보든 친절하게 알려 주고 어떤 글이든 잘 요약해 주고 텍스트와 이미지 등을 모두 생성해 영감을 제공하는 AI를 기대한다.

하지만 챗GPT와 같은 범용 AI를 기업에 구축하고 활용하기는 어렵다. 기업의 자세한 정보를 챗GPT가 알지 못할뿐더러 잘못 데이터를 입력했다간 보안에 민감한 자료가 유출될 수 있다. 미국 변호사처럼 잘못된 정보를 제공함으로써 기업에 피해를 줄 가능성도 있다. 이 문제에 대응하기 위해 등장한 것이 바로 전문 AI다.

경량화 AI, 혹은 소형 언어 모델(sLLM)으로 불리는 이 모델은 LLM의 동생으로 볼 수 있다. LLM처럼 다양한 자연어 처리(NLP, Natural Language Processing) 작업을 수행하고 '트랜스포머(Transformer)' 신경망을 토대로 맥락을 파악하고 적절한 문장을 생성하거나 문장의 의미를 이해한다. 단, 크기가 작다. 파라미터 수를 줄이고 미세 조정을 통해 정확도를 향상한 것이 핵심이다. 참고로 '트랜스포머'는 2017년 구글에서 발표한 신경망 모델이다. 문장 속 단어와 같은 순차 데이터 내의 관계를 추적해 맥락과 의미를 학습, 문장 속 서로 떨어져 있는 단어 데이터의 의미를 감지해 속뜻을 찾아낼 수 있다. 일례로 '우리 아이는 빨간색 운동화를 좋아한다. 그래서 그것이 다 닳을 때까지 신었다'는 문장에서 '그것'은 '빨간색 운동화'를 뜻하지만, AI는 사람과 달리 그 뜻을 찾아내기 어렵다. 기존 신경망은 데이터를 순차적으로 이해하기 때문에 '그것'이 우리인지, 아이인지, 빨간색이니, 운동화인지 알 수 없었다. 반면 트랜스포머는 데이터 관계를 추적해 그 의미를 학습하기 때문에 '그것'의 의미를 찾을 수 있다. 이 때문에 트랜스포머 신경망은 생성형 AI 발전을 이끈 원동력으로 꼽힌다. 이 신경망이 등장하기 전에는 맥락을 이해하는 AI를 개발하기 위해 라벨링된 대규모 데이터 세트로 신경망을 훈련해야 했다.

LLM과 sLLM은 모두 트랜스포머 신경망을 토대로 글을 생성해 낸다. 다른 점은 모델 크기와 학습 데이터 양이다. LLM은 대량의 데이터를 학습해 다양한 문맥을 이해하고 생성할 수 있다. 많은 파라미터를 보유하여 일반적으로 더 높은 성능을 발휘하지만, 그만큼 학습에 많은 자원이 필요하다. 배포와 사용에 제약이 있을 수 있고 모델을 업데이트하는 데 큰 비용이 든다. 반면, sLLM은 LLM보다 적은 데이터를 학습한다. 용량이 적어 운영 비용이 적게 들고 업데이트도 빠르게 할 수 있다. 클라우드가 아닌 기업 내 설치형으로 만들어 보안 우려가 적어 기업 내 데이터를 학습시킬 수 있다. 그만큼 기업에 특화한 답변을 하는 챗봇 구축이 가능하다.

sLLM의 한계, AI 슈퍼 사용자들의 선택은?

sLLM, 즉 전문 AI는 기업에 LLM과 똑같은 기능을 제공하면서도 특정 업무에 특화된 기능을 사용할 수 있는 기회를 제공한다. 또 업데이트에 큰 비용이 들지 않아 비즈니스가 다양하고 변동 사항이 많은 사항에서도 실시간 대응할 수 있는 환경을 만들어 준다.

물론 단점도 있다. sLLM은 LLM만큼 다양한 업무를 해내지 못한다. sLLM은 특정 기능을 수행하는 것이 목적이다. 학습한 데이터가 적고 단순한 관계 위주로 학습을 하므로 활용에 제약이 많다. 챗GPT처럼 범용적인 정보를 알 수 없고, 일반적으로 사용자가 요구하는 아이디어 생성은 하지 못한다. 특정 업무에 특화한 AI이기 때문에 LLM과 같은 기능을 제공하더라도 챗GPT만큼의 다양한 기능은 지원하지 못하는 것이다.

이제 사용자는 선택해야 한다. 다재다능한 평균 85점짜리 AI를 쓸 것이냐, 특정 분야에서 100점을 받는 AI를 쓸 것이냐. 이 선택지는 딱 2개만 있는 것은 아니다. 이른바 AI 슈퍼 사용자들은 범용 AI와 전문 AI를 별도로 구축해 필요한 분야에 따라 이를 활용하고 있다. 목적에 맞춰 AI를 골라 쓰는 시대가 도래한 셈이다.

참고문헌

김동원(2023.3.23). "기업인에겐 챗GPT보다 전문가 AI가 적합". THE AI, https://www.newstheai.com/news/articleView.html?idxno=3841

김동원(2024.7.2). [단독] 포티투마루, 네이버 초거대 AI '하이퍼클로바X' 설치형으로 만든다. THE AI, https://www.newstheai.com/news/articleView.html?idxno=5843

Kathryn Armstrong(2023.5.28). ChatGPT: US lawyer admits using AI for case research. BBC News, https://www.bbc.com/news/world-us-canada-65735769

03
할루시네이션과 RAG

막대한 데이터를 먹어 치운 골리앗 AI는 영화 〈아이언맨〉에 나오는 AI 비서 '자비스'처럼 사용자가 요청한 업무를 수행하는 비서 역할을 한다. 정보 검색, 요약, 이미지 생성을 할 뿐만 아니라, 심지어 동영상도 만들어 준다.
사용자는 AI에 업무를 지시하기만 하면 된다. 그런데 아이언맨이 만약 지금 대표적인 생성형 AI인 챗GPT를 비서로 두고 악당과 싸우면 이길 수 있을까? 아마 힘들 것이다. 챗GPT 말을 듣고 출동했다가 악당이 있는 지점과 전혀 다른 곳으로 이동할 수 있어서다.

AI와 난임 극복?

똑똑한 거짓말쟁이, 생성형 AI

범용적으로 사용되는 생성형 AI, 즉 범용 모델은 고질적인 문제가 있다. '할루시네이션(환각)' 현상이다. 생성형 AI가 사실이 아닌 정보도 그럴듯하게 만들어 낸다. 사실이 아님에도 마치 진짜인 것처럼 제시함으로써 사람들에게 환각을 일으킨다고 해 '할루시네이션 현상'이라 부른다. 널리 알려진 '세종대왕 맥북 던짐 사건'이 대표 사례다. 한 사용자는 챗GPT 출시 초기에 "『조선왕조실록』에 기록된 세종대왕의 맥북 프로 던짐 사건에 대해 알려줘"라는 프롬프트를 입력했다. 그러자 챗GPT는 "『조선왕조실록』에 기록된 일화로 15세기 세종대왕이 새로 개발한 훈민정음의 초고를 작성하던 중 문서 작성 중단에 대해 담당자에게 분노해 맥북 프로와 함께 담당자를 던졌다"고 답했다. 맥북 프로가 조선 시대에는 없었다는 사실을 몰랐다면, 속아 넘어갈 수 있는 일이었다.

생성형 AI가 할루시네이션 현상을 일으키는 것은 어쩌면 당연한 일이다. 생성형 AI는 데이터를 만들어 내는 모델이다. 텍스트 데이터를 추출하는 모델, 즉 챗GPT와 같은 모델은 사용자가 입력한 프롬프트에 대응해 문법에 이상 없이, 틀린 문장과 단어 없이 텍스트란 데이터를 만들어 내면 된다. 만들어 낸 데이터가 참인지 거짓인지 판단하는 방법은 학습하지 않았다.

텍스트를 생성해 내는 모델은 보통 단어 가리기, 혹은 앞에 단어를 토대로 다음에 나오는 단어를 맞추는 방식으로 글을 생성한다. 'I am'이란 글 뒤에 어떤 단어가 나오는지를 맞혀 가는 과정이라고 보면 된다. 앞에서 단어에 계속 사람이 나오고 성별에 남자가 나왔다면, I am 다음에 높은 확률로 나올 단어는 'a boy'다. 갑작스레 'a dog', 'a cat' 등이 나올 확률은 낮다. 생성형 AI는 이처럼 높은 확률로 다음 단어를 맞혀 가며 글을 만들어 낸다. 이 과정에 지금 만들어 내는 글이 참인지, 거짓인지를 판단하는 방법은 들어 있지 않다.

게다가 범용적으로 쓰이는 대형 모델은 인공 신경망 구조 자체가 데이터들에 있는 정보를 압축한 후 추상화하여 이를 다시 글로 출력하는 원리다. 방대한 데이터를 모아 놓은 데이터베이스에서 관련 정보를 가져오는 구조가 아니다. 그러다 보니 여러 정보가 추론 과정에서 뒤섞이게 된다. 이 때문에 생성형 AI는 사실이 아닌 글을 만들어 낼 가능성이 크다.

이 때문에 챗GPT와 같은 생성형 AI는 '똑똑한 거짓말쟁이'로 불린다. 할 수 있는 일이 많고 사람보다 더 많은 일을 빠르게 해내지만, 제시한 답변을 100% 믿을 수 없기 때문이다. 공식적으로 발표되진 않았지만, 일각에선 챗GPT가 내놓은 답변의 정확도는 83%라고 주장한다. 답변 내용 중 17%는 부정확하다는 뜻이다.

똑똑한 거짓말쟁이에게 전문성을 입히면?

그렇다면 우리는 83점짜리 똑똑한 거짓말쟁이에게 어떻게 일을 시켜야 할까? 여기서 필요한 것이 특정 분야에 전문화되고 경량화된 전문 AI다. 이 모델들은 방대한 데이터를 학습한 범용 모델과 달리, 특정 분야 데이터를 학습했다. 금융에 사용된다면 금융 데이터만, 법률에 사용한다면 법률 데이터만을 학습했다. 관련 데이터만 학습했기 때문에 AI가 할루시네이션과 같이 거짓된 정보를 알려 줄 가능성이 적다. 쉽게 말해 특정 목적에 맞춰 개발됐다고 보면 된다.

챗GPT와 같은 범용 모델은 특정한 목적이 없다. 어떤 이는 아이디어를 얻기 위해, 어떤 이는 자신이 올린 방대한 자료를 요약하기 위해, 어떤 이는 정보 검색을 위해, 또 어떤 이는 AI로 만든 이미지를 사용하거나 영감을 얻기 위해 챗GPT를 이용한다. 이 때문에 챗GPT는 반드시 정답을 제시해선 안 된다. 소설 창작을 목적으로 챗GPT를 이용하는 사람한테 계속 사실인 내용만 제시하면 이용 가치가 없어지기 때문이다.

2023년 9월 미국 샌프란시스코에서 열린 세일즈포스의 자체 연례행사 드림포스를 취재하다가 챗GPT의 아버지라 불리는 오픈AI의 샘 올트먼(Samuel Altman) 최고경영자(CEO)를 만난 적이 있다. 당시 그는 행사를 주최한 세일즈포스의 마크 베니오프(Marc Benioff) CEO와 대화를 나누고 있었다. 이 대담에서 베니오프는 챗GPT의 할루시네이션 문제에 대해 오픈AI는 어떤 준비를 하고 있는지 물었다. 이에 올트먼은 "할루시네이션 현상을 극복하기 위해 많은 기업들이 모르는 내용에 대해 '모른다'고 대답하는 AI 모델을 만들고 있는데 이는 매력 없는 일"이라고 비판했다. 그 이유에 대해서는 "AI 모델이 창의성을 잃을 수 있기 때문"이라고 설명했다. 그는 "생성형 AI가 가진 거대한 힘은 창의성"이라며, "AI가 정답을 제시하는 것은 물론 좋은 일이지만 창의적인 아이디어를 제시하는 것 역시 필요하다"고 말했다. 범용적으로 사용되는 AI 모델은 정보 검색에만 쓰이는 것이 아니기 때문에 반드시 정답을 말할 수 없다는 내용을 내포한 대화였다.

이처럼 범용 모델은 특정 분야에서 정답을 얻기 위해 사용하긴 어렵다. 이 때문에 필요한 것이 특정 분야의 데이터를 학습한 전문 AI다. 범용 모델과 달리 전문 AI는 특정한 목적으로 설계하고 사용할 수 있다. 많은 일을 할 수 있지만 시험을 보면 83점밖에 나오지 않는 AI가 아니라, 많은 일은 못 해도 필요한 시험에선 100점을 받는 AI인 것이다. 사소한 실수 하나가 기업 운명을 가를 수 있는 비즈니스 분야에서 두 점수 차이는 상당히 큰 편이다.

데이터 속 답을 물어 오는 강아지, 리트리버

물론 특정 분야에 특화한 전문 AI도 틀릴 수 있다. 특정 분야 데이터만 학습했다 하더라도 여기에도 많은 데이터가 있고, 앞의 단어를 토대로 다음 단어를 확률적으로 맞힐 때 그 확률이 틀릴 수 있어서다. 이 문제를 극복하기 위해 AI가 올바른 정답을 제시할 수 있는 여러 보조 기술이 개발되고 있다. 대표되는 기술은 바로 '검색 증강 생성(RAG, Retrieval-Augmented Generation)' 기술이다.

RAG는 방대한 양의 대규모 원천 데이터에서 AI가 필요로 하는 특정 정보나 지식만 정확하게 검색하는 기능이다. 생성형 AI를 도와주는 강아지라고 볼 수 있다. 그것도 똑똑하기로 유명한 강아지, 리트리버다.

실제로 RAG는 '리트리버(Retriever)' 모델에서 시작됐다. '리트리버'는 검색 엔진에 접속해 정보를 찾거나 내부 문서에서 맥락을 찾아 주는 모델을 뜻한다. 정보를 찾아 언어 모델에 입력하기까지 과정을 수행하는 모듈이다. 강아지가 공을 물어 오는 것처럼 정보를 물어 와 리트리버 모델로 불린다.

생성형 AI의 할루시네이션 현상을 줄이기 위해선 잘 훈련된 리트리버가 필요하다. 제대로 된 정보를 물어 와야 AI가 정확한 답변을 생성할 수 있어서다. 이 리트리버를 활용해 질문 답변 시스템을 구성하는 아이디어는 2017년부터 등장했다. 메타(META, 구 페이스북)가 발표한 'DrQA'다. 메타는 머신러닝 기반 리트리버를 활용해 전체 데이터베이스로부터 상위 n개 문서를 검색하고, 이 문서 정보에 기계독해(MRC) 모델을 적용해 질문에 대한 답을 추출하게 했다. 그중 가장 확률값이 높은 답을 최종 정답으로 채택하게 했다. 여기서 MRC는 말 그대로 글을 독해할 수 있는 AI 기술을 뜻한다. 논문, 책, 기사 등 다양한 글을 독해해 정답을 구분해 낼 수 있다.

이후 언어 모델이 발전하면서 리트리버 활용 방법도 진화하기 시작했다. 대표 사례가 구글이 2019년 공개한 ORQA다. 이 모델은 트랜스포머 기반 언어 모델에 활용됐다. 질문과 데이터가 있는 문서 사이의 의미적 유사성을 측정해 질문에 가까운 데이터를 가져오는 방식으로 리트리버를 설계했다. 리트리버에 의미적 유사성을 인식하는 기술을 훈련했다고 보면 된다. 그 이후 등장한 게 RAG다. 리트리버에 생성형 AI를 접목했다. 사용자 질문에 답을 내놓는 방식에 생성형 언어 모델에 맡겼다. 그동안은 사람이 MRC 모델을 활용하는 방식을 생성형 모델로 대체했다고 보면 된다. 이를 통해 AI는 더 유연하게 답을 제공할 수 있게 됐고, 언어 모델 자체에 내재한 지식을 활용해 꼭 문서에 적혀 있지 않은 내용도 답변할 수 있게 됐다. 이렇게 발전한 RAG는 현재 여러 생성형 AI에 탑재해 정확한 답변 검색을 돕고 있다. 할루시네이션 현상을 완화할 수 있는 장치가 마련된 셈이다.

현재 RAG 역량은 전문 AI 모델의 가치를 좌우하는 요소가 되고 있다. 얼마만큼 고도화된 RAG를 탑재하느냐에 따라 AI 답변 정확도가 달라져서다. 이 때문에 이른바 생성형 AI 스타트업 기업들은 RAG 기술 고도화에 주력하고 있고 해당 기술의 성능 평가를 할 수 있는 리더 보드도 등장했다.

참고문헌

김동원(2023.9.14). [드림포스 2023] 샘 알트만 오픈AI CEO "AI

시대 주역 GPT, 또 다른 변화를 준비하다". THE AI,
https://www.newstheai.com/news/articleView.html?idxno=4322
김동원(2024.2.28). 거짓말쟁이 AI를 훌륭한 직원으로 만든 방법. THE AI,
https://www.newstheai.com/news/articleView.html?idxno=4944
김동원(2024.5.29). 올거나이즈, RAG 리더보드 오픈소스로 공개. THE AI,
https://www.newstheai.com/news/articleView.html?idxno=5561
김동원(2024.6.20). "85점짜리 챗GPT를 기업에서 활용하는 방법". THE AI,
https://www.newstheai.com/news/articleView.html?idxno=5743

04
데이터 보안과 전문 AI

챗GPT와 같은 범용 모델을 기업에서 사용하기 어려운 가장 큰 이유는 보안이다. 내용이 유출되면 그 사용자는 어떤 점에 관심이 있는지, 어떤 성향인지를 파악할 수 있다. 기업은 상황이 더 심각하다. 사용자가 대화로 입력한 질문에 회사의 민감한 정보가 포함됐다면, 요약해 달라고 업로드한 파일이 기업에서 비밀리에 진행하던 프로젝트 회의 내용이었다면 유출 시 막대한 피해를 볼 수 있다. 이 때문에 일부 기업에선 챗GPT에 회사 정보를 입력하는 것을 금지하고 있다.

AI와 사주?

생성형 AI가 경쟁 이끈다는데, 사용하진 않는 이유

미국 투자 은행 골드만삭스(Goldman Sachs)는 생성형 AI 발전으로 향후 10년간 전 세계 국내총생산(GDP)이 7% 높아질 것으로 예상했다. 약 7조 달러(9200조 원)의 경제 성장을 이끌 것으로 보았다. 그런데 정작 골드만삭스는 직원들이 챗GPT를 쓰지 못하게 막았다. 생성형 AI가 경제 성장을 이끌 것으로 전망한 은행에서 대표 생성형 AI 서비스인 챗GPT 활용을 금지한 것이다. 그 이유는 보안 때문이다. 투자 은행과 같은 금융 분야에서는 고객들의 개인정보를 포함해 민감한 데이터를 주로 다룬다. 이 데이터들이 유출되는 경우 금융사는 책임 소재에 휩싸이게 된다. 이 문제를 사전에 막고자 데이터 유출 위험이 있는 챗GPT 금지령을 내린 것이다.

실제로 챗GPT는 여러 보안 이슈에 휩싸였다. 2023년 3월에 발생한 대화 이력 노출 사건이 대표 사례다. 당시 일부 사용자는 챗GPT와 나눈 대화 주제 이력이 타인에게 고스란히 노출되는 황당한 일을 겪었다. 트위터와 레딧 등 여러 온라인 커뮤니티에 "챗GPT에 내가 하지 않은 대화 기록이 보인다"는 글과 인증 사진이 올라오기 시작했다. 한 사용자가 올린 인증 사진에는 '중국의 사회주의 발전'에 관한 대화 제목 목록이 중국어로 나열돼 있었다. 챗GPT에는 사용자가 자신이 한 대화를 나중에 다시 열람할 수 있게 목록화하여 표시창에 저장하는 기능이 있다. 이 대화 목록이 다른 사람에게 유출된 것이다. 이 인증 사진을 올린 사용자는 "중국어로 된 대화 목록은 내 것이 아니다"라고 주장했다.

오픈AI는 이 사실을 알고 챗GPT 서비스를 임시 종료했다. 이후 대화 기록 표시창을 막아 놓은 채 서비스를 재개했다. 당시 오픈AI 대변인은 "익명의 오픈 소스 소프트웨어의 버그로 인해 문제가 발생했다"고 밝혔다. 샘 올트먼 오픈AI CEO는 자신의 트위터에 "오류로 인해 일부 사용자들이 다른 사용자와 챗GPT 간 대화 이력을 보게 되는 일이 발생했다"고 인정하면서 "끔찍한 기분"이라는 글을 남기기도 했다.

이 사건은 챗GPT 사용 이력이 아무런 상관이 없는 제삼자에게 공개될 수 있다는 위험성을 보여 줬다. 개인적으로 궁금한 내용을 검색한 것은 큰 문제로 이어지지 않겠지만, 만약 회사 회의 내용을 올리고 요약해 달라는 내용이 노출되거나, 기업에서 민감한 정보에 관한 정보 검색 이력이 공개된다면 큰 피해로 이어질 수 있다. 이 때문에 골드만삭스 등 금융사 외에도 많은 기업이 사내 챗

GPT 활용을 금지했다. 이탈리아는 사용자들의 개인정보가 유출될 수 있다는 이유로 국가적으로 챗GPT 접속을 일시적으로 차단하기도 했다.

국내에선 삼성전자 사례가 대표적이다. 삼성전자 모바일 · 가전 · 영상디스플레이(MX) 부문은 2023년 5월 "사내 PC를 통한 생성형 AI 사용을 일시적으로 제한한다"고 공지했다. 또 "사외에서 챗GPT 등의 생성형 AI를 사용하는 때에도 회사와 관련된 정보, 본인 및 타인의 개인정보 등은 입력하지 않도록 각별히 유의해 달라"고 당부했다. 이 같은 조치는 반도체(DS) 부문에서 챗GPT에 사내 정보를 입력했다가 회사 정보가 오픈AI로 유출된 데 따른 것으로 해석된다. 앞서 DS 부문에서는 직원들이 소프트웨어 소스 코드의 오류를 확인하고 회의 내용을 요약하는 등의 업무를 위해 챗GPT에 소스 코드, 회의 내용 등을 입력한 것으로 전해졌다.

데이터 유출에 관한 '찝찝함'을 줄여 주는 전문 AI

범용적으로 사용되는 AI는 클라우드를 기반으로 한다. 지금의 챗GPT가 많은 사용자에게 서비스될 수 있었던 데에는 클라우드 역할이 크다. 챗GPT와 같은 범용 AI 모델을 가동하려면 많은 계산 자원이 필요하다. 퍼블릭 클라우드 업체는 대규모 그래픽 처리 장치(GPU)를 통한 강력한 컴퓨팅 연산 능력을 제공하고 많은 데이터를 저장하고 관리할 수 있는 인프라를 지원한다. 또 AI 모델 개발과 배포를 단순화하는 도구와 서비스를 제공해 개발자들이 클라우드 안에서 쉽게 작업할 수 있는 환경을 조성하고, 클라우드 데이터 센터를 각 지역에 분산해 사용자들이 지연 현상 없이 챗GPT와 같은 서비스를 이용할 수 있게 돕는다. AI 개발과 활용 모두에 걸쳐 클라우드가 윤활제 역할을 한다고 볼 수 있다.

하지만 클라우드는 만능이 아니다. 단점도 존재한다. 바로 보안이다. 클라우드 컴퓨팅엔 개인 목적으로 저장해 둔 데이터들이 다른 사람에게 공개되거나 하루아침에 사라질 수 있는 위험이 있다. 챗GPT 대화 이력이 전혀 상관없는 제삼자에게 노출된 이유도 이 때문이다.

데이터가 사라진 적도 있다. 2012년 6월 야후재팬의 자회사이자 클라우드 서비스 업체인 '퍼스트 서버'는 초대형 전산 장애를 내 무려 5698개의 기업 데이터를 날려버렸다. 당시 회사는 자사 서비스의 버그를 해결하기 위한 대규모 소프트웨어 패치를 진행하다가 사고를 냈다고 밝혔다. 파일 삭제 명령의 실행·정지를 제어하고,

관리 대상 서버를 지정하는 기술에 문제가 있었다고 설명했다.

퍼스트 서버는 이후 데이터 복구 소프트웨어를 통해 데이터를 복원하고 고객사들이 자신들의 데이터를 내려받을 수 있게 노력했다. 하지만 3일 만에 데이터 복구를 포기하고 말았다. 데이터 복구 자체는 성공했지만, 고객사별 권한 제한을 할 수 없어 한 회사가 다른 회사의 데이터까지 내려받을 수 있었기 때문이다. 많은 기업이 챗GPT 사용을 금지한 이유도 이 같은 클라우드 위험성 때문이다.

물론 클라우드 업체는 보안 강화에 총력을 기울이고 있다. 데이터를 클라우드로 전송할 때 암호화를 사용해 전송 중 데이터를 보호하고, 클라우드에 저장할 때도 암호화 알고리즘을 사용해 데이터를 암호화해 저장한다. 또 클라우드 접근과 활동 내용을 기록하고, 이상 활동을 모니터링해 보안 위협에 신속히 감지하고 대응하는 시스템을 구축하고 있다.

각 국가와 지역에 리전(region)을 운영하며 데이터를 보호하는 정책도 취하고 있다. 리전은 특정 지역에 위치한 하나 이상의 데이터 센터 그룹을 뜻한다. 구글 클라우드와 아마존웹서비스(AWS)는 한국을 포함해 전 세계에

30~40개의 리전을 운영하고 있다. 데이터는 특정 국가나 지역에 따라 저장하고 처리해야 하는 법률이 다르다. 또 국가와 기업은 자신들의 데이터가 다른 국가의 데이터 센터에 저장되길 원치 않는다. 이 때문에 클라우드 업체는 각 지역에 리전을 건설해 데이터 보안에 대응하고 있다. 미국 국방부나 CIA 등은 이 리전을 별도 운영하는 방식으로 AWS, 마이크로소프트 애저 등 퍼블릭 클라우드를 이용하고 있다. 즉 리전을 별도 영역에 설정해 외부와 차단하고, 접속을 제한하는 방식을 채택해 클라우드를 이용 중이다.

오픈AI와 같은 AI 기업들은 인트라넷처럼 자신들의 네트워크나 클라우드 안에서만 작동할 수 있게 하는 '파운드리(Foundry)' 서비스를 출시했고, 퍼블릭 클라우드와 프라이빗 클라우드를 조합해 사용할 수 있는 하이브리드 클라우드도 서비스하고 있다.

여전히 회사의 모든 기밀 정보를 챗GPT에 입력하는 데에는 위험성이 따른다. 하지만 기업에 특화한 전문 AI는 그 위험성을 줄일 수 있다. 반드시 퍼블릭 클라우드를 이용하지 않아도 온프레미스 컴퓨팅 방식, 즉 서버를 기업에 설치하는 방식으로 AI 기능을 제공할 수 있기 때문이다. 온프레미스 컴퓨팅은 기업이나 조직이 하드웨어,

소프트웨어 등 모든 컴퓨팅 환경을 자체적으로 구축하고, 운영 · 유지 · 관리하는 방식을 뜻한다.

전문 AI는 범용 AI처럼 막대한 양의 컴퓨팅 자원을 요구하지 않는다. 또 방대한 데이터가 필요하지 않다. LLM과 같은 파운데이션 모델을 파인 튜닝해서 필요한 데이터만 입력해 사용하면 된다. AI를 이루는 기반 모델에서 필요한 기능만 가져와 회사 데이터와 결합해 응용하는 식이다. 클라우드에서 제공하는 강력한 컴퓨팅 연산까진 필요가 없는 것이다. 클라우드를 이용하더라도 굳이 퍼블릭 클라우드를 사용하지 않고 프라이빗 클라우드나 하이브리드 클라우드를 사용한다. 그만큼 기업들이 우려하는 데이터 유출에 대한 불안을 줄여 준다.

실제로 최근 기업에선 자체적으로 내부에서 쓸 전문 AI를 만들고 있다. 삼성전자, 현대제철 등 국내 대기업들은 챗GPT를 쓰지 않고 자체적으로 쓸 AI를 제작했다. 범용 AI와는 별도로 전문 AI를 기업 내에 구축해 보안 이슈는 줄이면서 AI의 혜택은 누리고 있다.

참고문헌

심재석(2012.8.28). 일본의 클라우드 대란에서 얻는 교훈. 디지털데일리,

https://m.ddaily.co.kr/page/view/2012082808282495295
박형수(2023.3.23). 은밀한 내 대화 이력, 타인이 봤다…버그 발생한 '챗GPT 공포'. 중앙일보.
https://www.joongang.co.kr/article/25149496
김동원(2023.9.19). 구글 클라우드 "미국 클라우드 법안에도 고객 데이터 노출 위험 없다". 디지틀조선일보,
https://digitalchosun.dizzo.com/site/data/html_dir/2023/09/19/2023091980108.html
Paul Clarke & David Ricketts(2023.2.24). Citigroup, M&G and Goldman Sachs join JPMorgan with ChatGPT crackdown. Financial News,
https://www.fnlondon.com/articles/citigroup-and-goldman-sachs-join-jpmorgan-with-chatgpt-crackdown-20230224

05
데이터 품질과 AI 전문성

전문 분야에 AI를 사용하기 위해선 조건이 있다. AI 모델이 전문적인 데이터를 학습해야 한다. 아무리 좋은 모델을 붙여도, 할루시네이션 현상을 고치기 위한 기술을 고도화해도, 완벽에 가까운 보안 조치를 갖춰도 소용없다. 신체 조건이 아무리 좋은 사람이 야구를 배우지 않으면 야구 선수가 될 수 없고, 외모가 출중한 사람이 연기를 배우지 않으면 배우가 될 수 없는 것과 유사하다. 그런데 AI 모델에 전문적인 데이터를 학습시키기란 쉽지 않다. 산재한 데이터가 많고 품질 역시 좋지 않아서다.

AI와 아이돌?

프로의 벽만큼 높은 데이터 사일로 현상

프로의 벽은 높다. 사람들은 아무나 프로로 인정하지 않는다. 실력이 있어야 한다. 해당 분야의 전문성을 갖춤은 물론, 경험과 성과에서 아마추어보다 앞서야 한다. 똑같은 야구를 하더라도 프로 선수는 돈을 받고, 아마추어 선수는 돈을 내는 이유다.

프로의 실력은 연습과 경험에서 나온다. 그렇다면 AI 모델의 실력은 어디서 나올까. 가장 큰 비중을 차지하는 요소는 데이터다. 어떤 데이터를 학습했는지에 따라 AI 모델의 실력이 달라진다. 형편없는 데이터를 학습했다면 실력이 떨어질 수밖에 없고, 높은 품질의 데이터를 학습했다면 성능이 좋아진다. 일례로 고화질 이미지를 학습한 AI는 높은 해상도의 이미지를 추출할 수 있다. 반대로 저화질 이미지만 학습한 AI 모델에 높은 해상도의 이미지를 기대하긴 어렵다.

그런데 좋은 데이터는 과연 어디서 찾을 수 있을까? 이미 온라인엔 수많은 데이터가 있다. 인터넷과 소셜네트워크서비스(SNS)의 발전은 많은 양의 데이터를 양산했다. 디지털 기술의 급격한 발전은 기업들의 디지털 전환을 이끌었고 이를 계기로 서류 속에 있던 수많은 데이터가 전산망에 올라왔다. 지금도 데이터는 수많은 곳에서 생산되고 있다. 그런데 이 데이터들을 한곳에서 보긴 어렵다. 데이터가 잘 모여 있으면 여기서 나에게 가치 있는 데이터를 찾아 쓸 수 있지만, 실제 현장에선 데이터가 분산돼 있다.

세일즈포스 자회사인 뮬소프트(MuleSoft)가 2024년 2월 발표한 『2024 연결성 벤치마크(Connectivity Benchmark)』 보고서에 따르면, 기업과 조직은 이미 AI 서비스를 이용하고 있지만, 기업 내 데이터와 연동한 경우는 적었다. 이 보고서는 미국, 영국, 프랑스, 일본 등 전 세계 IT 리더 1050명을 대상으로 2023년 10월부터 한 달간 조사한 내용을 담고 있다. 설문에 참여한 이들은 AI 활용을 강조했다. 응답자 85%는 AI를 통해 개발자 업무 생산성이 높아질 것으로 예상했고, 80%는 이미 조직에서 생성형 AI와 예측형 AI를 활용하고 있다고 답했다. 하지만 AI와 기업 내 데이터를 연동한 애플리케이션이 있다고 응답한 이는 28%에 불과했다.

그 이유는 '데이터 사일로(Data Silo)'에 있었다. 조사 결과, 81%의 IT 리더는 데이터 사일로가 디지털 혁신 과정에서 겪는 가장 큰 어려움이라고 답했다. 응답자 중 62%는 조직에서 아직 AI 활용에 필요한 데이터 시스템 통합이 준비돼 있지 않다고 답했고, 약 26%만이 전체 디지털 채널에서 연결된 사용자 경험을 제공하고 있다고 밝혔다. 응답자 95% 이상은 기업의 AI 도입에 시스템, 장치, 소프트웨어, 데이터 소스 등의 '디지털 통합'이 당면 과제라고 했다. 데이터 사일로는 데이터가 격리된 현상을 뜻한다. 특정 조직과 부서에서만 해당 데이터를 접근·공유할 수 있게 돼 있다. 실제 대기업에선 사일로된 데이터베이스가 160개 정도 된다.

데이터 분산은 AI 전문성 결여를 초래한다. 일례로 금융 상품을 안내하는 AI 챗봇을 만들고자 하는데 예금, 대출, 보험 등에 관한 데이터가 모두 분산돼 있으면 AI가 해당 정보들을 모두 학습할 수 없다. 학습하더라도 부서마다 사용하는 용어가 다르고 기재돼 있는 정보가 제각각이면 통합된 내용을 제공할 수 없다. 고객이 보험에 관한 정보를 물어보면 회사에서 제공하는 상품이나 서비스에 대해 일괄적으로 답변하기 어렵다. 그만큼 전문 AI의 신뢰도는 떨어지게 된다.

데이터 품질, 전문 AI 역량을 좌우

데이터 사일로 현상을 완화하기 위해 AI 공급 기업이나 데이터 기업은 고객들의 데이터 통합을 지원하고 있다. 분산된 데이터를 하나로 모아 여기서 의미 있는 데이터를 찾아낸다. 여기서 필요한 것이 데이터 품질 검사다.

AI를 요리로 비유하면 데이터는 물이다. 요리에서 꼭 필요한 역할을 한다. 그런데 물은 등급이 있다. 물의 맑기나 수질에 따라 1급수, 2급수, 3급수, 4급수 등으로 구분한다. 그런데 이 물을 다 섞어 놓으면 어느 급수인지 알 수가 없다. 먹어도 되는지, 안 되는지 구별하기가 힘들다.

데이터도 마찬가지다. 무조건 모아만 놓으면 활용하기 좋은 데이터인지 아닌지 알 수가 없다. 이 때문에 데이터를 검증해 분류해 놓는 작업이 필요하다. 데이터가 마구잡이로 혼합돼 있으면 전문적인 AI 모델을 만들 수 없어서다. 일례로 법률 분야에서 판례 내용을 토대로 조언하는 AI를 만들고자 한다. 그런데 AI에 데이터를 학습시키려고 하니 한국, 일본, 미국 등 국가의 구분 없이 데이터들이 모여 있다. 미국은 주별로도 법이 다른데 하나로 뭉쳐져 있고 구분이 되지 않는다. 이 데이터를 토대로 만든 AI는 전문적인 분야에 활용할 수 없다. 한국에서 필요한 법에 관한 정보를 찾고 싶은데, 미국이나 일본 등의 법 정보를 알려 줄 위험이 있기 때문이다. 대형 모델에서 나오는 할루시네이션 현상이 전문 AI에서도 발생할 위험이 큰 것이다.

이 문제를 줄이기 위해 데이터 품질 검사가 이뤄지고 있다. 데이터의 완전성과 정확성, 데이터값의 유효성 등을 진단하는 AI 학습용 데이터 품질 관리 도구가 개발됐고, 정부에서는 공공 데이터 품질 수준 평가를 진행하기도 했다. 데이터 품질 검사를 하게 되면 AI가 부정확한 데이터를 학습하는 일을 원천 차단할 수 있게 된다. AI가 잘못된 정보를 제공하는 문제를 줄일 수 있는 것이다. 잘못된 내용을 진짜처럼 얘기하는 할루시네이션 현상을 막을 수 있고, 아예 거짓 정보를 제공하는 것 역시 사전에 차단할 수 있다. AI 신뢰도는 올라가고, 사용자는 각 전문 분야에 AI 모델을 활용할 수 있게 된다.

전문 AI 활용, 결국 중요한 건 '사람'이다

2024년 5월 바이오 의료 빅데이터 분야 세계적인 전문가인 마이크 체리(Mike Cherry) 미국 스탠퍼드대학교 의과대학 교수를 인터뷰한 적이 있다. 체리 교수는 생명 의료 분야의 대규모 데이터 통합 및 분석 소프트웨어 개발 분야를 선도해 유전체학과 생물정보학 분야에서 세계적으로 인정받는 학자다. 그는 인터뷰에서 앞으로 AI 발전으로 인해 데이터 분석가의 역할이 더 중요해졌다고 했다. 그는 현재 AI가 의료, 제조, 안전, 농업 등 전문 분야에 접목돼 실질적인 활용을 이끌고 있는데, 이를 위해서는 좋은 품질의 데이터가 필요하고, 이 데이터들을 이해하는 전문가가 필요하다고 강조했다.

체리 교수는 "인터넷의 발달로 데이터가 쌓이고 있는데, 데이터는 양이 많다고 좋은 것만은 아니다"라며 "AI를 실질적으로 활용할 수 있고 가치를 낼 수 있게 하려면 좋은 품질의 데이터가 필요하다"고 설명했다. 또 "데이터가 많기만 하면 컴퓨팅 자원을 더 많이 쓸 수 있고 AI 부작용이 생길 수도 있다"면서 "이 때문에 데이터 품질관리가 필요하고, 이를 시행할 수 있는 사람의 역할이 중요하다"고 강조했다. 전문 분야에 쓰일 AI를 올바르게 만들려면 결국 데이터를 이해하고 활용할 수 있는 전문가 역할이 중요하단 뜻이다.

데이터 품질 검사의 긍정적인 효과는 또 있다. 바로 환경이다. 빅데이터에는 쓸모가 없거나 중복 수집된 데이터가 많다. 전 세계 데이터의 약 65%는 중복 데이터란 조사 결과도 있다. 이 데이터들만 줄여도 AI는 몸집이 작아진다. 적은 양의 데이터를 학습하고 연산하게 됨으로써 사용하는 전기를 아낄 수 있다. 탄소 배출량 역시 줄어들게 된다.

최근에는 데이터 중복 문제에 대응하기 위해 데이터

취합 방식에 변화가 생기고 있다. 무조건 데이터를 모으기만 하는 게 아니라 실제 비즈니스에 가치를 줄 수 있는 데이터만 취합하려는 움직임이 일고 있다. 목적에 따른 데이터를 취합하는 것이다.

실제로 국내 인적자원관리(HRM) 기업은 개인화된 AI 커리어 설계 서비스를 출시하기 위해 약 500만 건의 데이터를 별도로 취합했다. 채용 데이터와 이용자 · 기업 데이터를 기업에서 별도로 모았다. 회사에서 필요한 서비스를 제공하기 위해 필요한 데이터만 선별해 취합했다. 이를 통해 회사는 데이터 기반 '연봉 예측 기술'을 출시해 사용자들이 회사 혹은 직무에 따른 연봉을 미리 확인할 수 있는 서비스를 만들었다. 실제 구직자들의 채용 데이터와 실질적인 기업 데이터를 모았기에 가능한 일이었다.

CCTV로 촬영한 영상 속 위험 여부를 판단하는 AI를 만드는 기업에서는 직원과 관계자들이 일일이 위험한 과정을 연기하고 이를 촬영해 데이터를 만들었다. 좁은 거리에 사람들이 몰려 있거나 사람이 위험한 칼을 들고 거리를 배회하는 모습 등을 일일이 연출했다. CCTV에서 촬영되는 데이터에 이 같은 영상은 찾아보기 어렵고 영상들을 다 분석해 해당 데이터를 모으려면 컴퓨팅 자원과 시간만 소모하게 되기 때문이다.

참고문헌

김동원(2023.7.21). [인터뷰] '한국 AI는 믿고 쓸 수 있다'는 국가 브랜드 만들어야 할 때. THE AI, https://www.newstheai.com/news/articleView.html?idxno=4179

김동원(2023.10.1). 생성형 AI 군단, 데이터 품질에 집중. THE AI, https://www.newstheai.com/news/articleView.html?idxno=4344

김동원(2024.2.21). "AI 도입, '데이터 통합'이 우선 과제". 디지틀조선일보, https://digitalchosun.dizzo.com/site/data/html_dir/2024/02/21/2024022180133.html

김동원(2024.5.10). [AI TOP] 비투엔, 데이터 관리만 잘해도 AI 부작용 줄인다. THE AI, https://www.newstheai.com/news/articleView.html?idxno=5414

김동원, 서예림(2024.5.20). [인터뷰] 세일즈포스가 'AI 변호사'인 이유. THE AI, https://www.newstheai.com/news/articleView.html?idxno=5477

김동원, 구아현(2024.5.29). [인터뷰] 마이크 체리 스탠퍼드대 교수 "높은 품질 데이터와 전문가가 '좋은 AI' 만든다". THE AI, https://www.newstheai.com/news/articleView.html?idxno=5568

Ryan Yeager(2024.1.23). The Changing Landscape of Digital Transformation: Insights from the 2024 Connectivity

Benchmark Report. Mulesoft Blog,
https://blogs.mulesoft.com/news/connectivity-benchmark-report/

06
생성형 AI와 전문가

AI가 펜과 붓을 들었다. 심지어 영상 편집기도 만지고 있다. AI로 글과 그림, 영상을 창작하는 'AI 창작 시대'가 열린 것이다. 생성형 AI는 문화 산업의 판을 뒤흔들 '게임 체인저'로 자리매김했다. 사람만이 가능할 것으로 생각했던 창작의 영역에 AI 기술이 발을 들여놓았다. 생성형 AI는 전문 AI가 만들어질 수 있는 무대를 열었다고 평가된다. 작가, 디자이너 등 전문직은 생성형 AI 등장으로 AI 도구에 관심을 두게 됐고, 안전하면서도 활용하기 쉬운 AI 모델을 필요로 하게 됐다. 창작의 영역에 전문 AI가 진출할 수 있는 길을 마련한 셈이다.

AI와 야구?

패션쇼에 선 AI

생성형 AI가 디자인 분야에서 활약할 수 있다는 가능성을 보여 준 건 다름 아닌 패션쇼였다. 2022년 2월 세계 4대 패션 위크 중 하나로 불리는 'F/W 뉴욕 패션 위크' 메인 스테이지인 스프링 스튜디오(Spring Studios)에서 '금성에 핀 꽃'을 모티브로 한 의상 디자인이 등장했다. 그런데 금성에 핀 꽃이라니, 존재하지 않는 꽃이 보였다. 여기엔 이유가 있었다. 디자인 제작에는 AI가 참여했기 때문이다.

이번 의상 디자인을 선보인 디자이너는 박윤희 그리디어스 대표다. 그는 LG AI 연구원이 개발한 초거대 멀티모달 '엑사원'을 활용해 제작한 의상 디자인을 선보였다. 엑사원은 텍스트를 입력하면 이미지로 만들어 주고 이미지를 입력하면 텍스트로 설명해 주는 멀티모달 AI다. 당시 패션 위크에 쓰였던 엑사원 1.0 모델은 6000억 개 이상의 말뭉치와 2억5000만 장의 고해상도 이미지·텍스트 데이터를 학습했다.

박윤희 디자이너는 이 패션 위크에서 200여 개 의상을 선보였다. 이 의상들은 엑사원이 '금성에 핀 꽃'이라는 텍스트를 토대로 창작한 3000장이 넘는 이미지와 패턴을 기반으로 제작된 옷이다. AI와 협업한 디자인을 공식 행사에 선보인 건 당시엔 보기 드문 일이었다. 그렇다면, AI와 협업한 전문가는 어떻게 생각했을까? 박윤희 디자이너는 AI와의 협업 경험을 긍정적으로 평가했다. "뉴욕 패션 위크와 같은 큰 무대에 서기 위해 가장 중요한 것은 상상력"이라며 "새로운 디자인과 영감을 찾기 위해서 몇 달 전부터 수십 명의 디자이너와 컬렉션을 준비해야 했는데 이번에 AI와 함께 작업하며 한 달 반 만에 모든 준비를 끝낼 수 있었다"고 말했다. 또 "패션 위크에선 엑사원이 보유한 창조성과 인간만이 가지고 있는 감정을 교감하면서 영혼의 옷을 만들고자 했다"며 "엄청난 시너지를 낼 것이라는 확신이 있었고 예상은 틀리지 않았다"고 평가했다.

포토샵 등장 이후 최고의 혁신

이미지를 만들어 내는 생성형 AI는 사용자의 텍스트를 이해해 관련 이미지를 생성한다. '현대의 세련된 거실 인테리어'라는 키워드를 입력하면 AI는 수많은 인테리어 디자인을 보여 준다. 사용자는 여기서 마음에 드는 디자인을 참고해 집 안을 꾸밀 수 있다. 가구 디자이너는 AI가 생성해 낸 가구들을 보고 영감받아 기존에 없던 새로운 가구 디자인을 선보일 수 있고, 조명 디자이너 역시 새로운 조명을 디자인하는 데 참고할 수 있다. 기존에 사람들이 머릿속으로 상상하고 이를 그림으로 그려 가며 아이디어를 현실로 만들어 가던 작업이 이제는 간단한 텍스트 입력 후 AI가 생성한 디자인 시안을 토대로 작업할 수 있게 바뀐 것이다.

이미지 생성형 AI는 포토샵 다음으로 디자이너의 업무에 변화를 준 도구로 꼽힌다. 포토샵은 작업자의 업무를 크게 줄여 준 프로그램이다. 포토샵과 같은 프로그램이 등장하기 전에는 디자이너들이 일일이 그림을 하나씩 그리고 직접 손으로 변화를 주며 작업해야 했다. 그만큼 시간이 오래 걸렸다. 하지만 포토샵이 등장하면서 디자이너들의 업무는 간소화됐다. 사진에 배경을 입히거나 보정하는 작업 등이 간편해졌다. 생성형 AI는 여기서 더 나아가 디자이너들이 처음 시안을 만드는 작업을 간편하게 해 주고 있다. 사용자가 입력한 아이디어에 관한 이미지들을 보여 주면서 직관적으로 영감을 떠올릴 수 있는 환경을 만들어 준다.

여기서 더 나아가 최근에는 디자인 작업도 도와준다. 작업자가 원하는 이미지를 올리면 이를 토대로 이미지를 생성해 주고 수정도 가능하다. 프로그램 자체를 코딩해 이미지를 만들 수도 있다.

AI 전시도 많아졌다. 2024년 4월 서울 종로구 인사동에선 'AI가 천국을 그리다'라는 주제로 AI 전시가 펼쳐졌다. 이 전시를 진행한 김은진 아티스트를 인터뷰한 적이 있다. 그는 미국 뉴욕대에서 순수미술(파인 아트, Fine Art)로 시작해 디지털아트, 미디어아트, 지금은 생성형 AI 이미지 툴을 활용한 창작 활동을 하고 있었다.

김 아티스트는 이번 전시 작품을 '미드저니', '달리', '스테이블 디퓨전'과 같은 생성형 AI를 활용했다고 밝혔다. 코딩을 통해 원하는 이미지를 넣고 이를 AI로 점진적으로 수정해 가며 작품을 완성했다고 했다. 그는 AI를 협력 도구로 표현했다. "AI를 사용해 작업하면서 떠올리지 못한 아이디어나 콘셉트를 제공받아 작품을 완성한 경우가 많았다"며 "AI는 단순한 도구의 역할을 넘어 앞으로는 콜라보레이터(협업체)의 역할까지 할 수 있겠다는 생각이 들었다"고 평가했다.

생성형 AI, 영화계 진출

생성형 AI의 무대는 지속 넓어지고 있다. 텍스트와 이미지를 넘어 영상 분야로 무대를 넓혔다. 현재 영화계는 AI가 새로운 장르로 자리매김하고 있다. 2024년 3월 미국 뉴욕에서 열린 트라이베카 영화제에는 오픈AI의 동영상 생성 AI '소라'로 만든 작품 6편이 출품됐다. 다음 달엔 한국에서 AI 영화를 심사하는 자리가 마련됐다. 부천판타스틱영화제(BIFF)에서 'AI 영화 국제경쟁 부문'을 만들었다. 영화의 주요 요소인 시나리오, 오디오(음향 · 음악), 영상에서 한 가지 이상의 AI 기술을 활용해 만든 작품들을 신청받았다.

드라마나 광고에서도 생성형 AI는 이미 널리 활용되고 있다. 〈살인자ㅇ난감〉, 〈눈물의 여왕〉 등 드라마에는 생성형 AI가 사용됐다. 〈눈물의 여왕〉 2회 방송에서 주인공이 눈 덮인 자작나무 숲을 걷는 환각 장면은 생성형 AI가 만든 것이다. LG유플러스는 자체 개발한 AI '익시'를 활용해 TV 광고를 제작했다.

영상 분야에서 생성형 AI는 제작 비용과 시간을 절감하는 효과를 가져온다. BIFF의 AI 영화 제작 워크숍에 강사로 온 영화감독 데이브 클라크(Dave Clark)는 "챗GPT를 이용해 일주일 안에 영화 시나리오 초고를 완성할 수 있었다"며 "AI는 연중무휴 24시간 작업시킬 수 있고, 마블 시리즈 같은 거대 영화에 든 예산의 절반으로 비슷한 작품을 만들 수 있다"고 밝혔다.

중앙대학교 연극영화과 출신인 권한슬 감독이 만든 AI 영화 〈원 모어 펌킨〉은 아랍 두바이에서 열린 제1회

인공지능영화제(AIFF)에서 대상을 받았다. 이 작품은 3분짜리 영상이었는데 제작하는 데 5일이 걸렸다. 영화 제작비로 들어간 비용은 전기요금과 인건비를 제외하고는 없다. 모든 장면과 음성, 음향은 실사 촬영이나 컴퓨터 그래픽(CG) 작업 없이 생성형 AI로만 만들었다.

좋지만 사용하긴 애매하다, 왜?

하지만 생성형 AI는 한계가 있다. 우선 사용자 환경이 복잡하다. 디자이너에게 친화적이지 않고 아직 개발자에게 친숙하다. 일례로 미드저니 유료 버전을 제외하곤 아직 그림의 점진적인 수정이 어렵다. AI가 생성한 이미지 중 마음에 드는 이미지가 있는데, 부분 수정을 하려고 하면 이미지가 새로 생성되는 경우가 잦다.

디테일도 떨어진다. 여전히 손가락을 6개로 그리는 등의 실수를 한다. 두바이에서 AI 영화제에서 1위를 한 권한슬 감독이 만든 영화는 공포 장르다. 그에게 이 같은 장르를 선택한 이유를 물어보니 손가락이 6개가 나오는 현상이 발생해 아예 이를 이용해 공포 콘셉트의 영화를 만들었다고 답했다. AI의 한계를 역으로 이용한 발상이었지만, 여전히 생성형 AI가 갈 길이 멀다는 것을 보여준 사례다.

학습 데이터 저작권 문제도 있다. '스테이블 디퓨전'을 오픈소스로 공개해 많은 사용자를 확보한 스태빌리티AI는 이미지 제공 기업 게티이미지뱅크와 저작권 침해 재판을 진행하고 있다. 스테이블 디퓨전에서 생성한 이미지에 게티이미지뱅크 워터마크가 나왔기 때문이다. 게티이미지뱅크는 유료 회원 가입자에겐 워터마크가 없는 이미지를 제공하지만, 유료 회원이 아닌 경우 워터마크가 찍힌 이미지만 볼 수 있다. 무단으로 다운로드하거나 캡처해 사용하는 경우를 방지하기 위해서다. 그런데 스테이블 디퓨전이 생성한 이미지에 이 워터마크가 나왔다. 이는 스태빌리티AI가 게티이미지뱅크의 이미지를 AI 모델에 동의 없이 학습시켰다는 결정적인 증거가 됐다.

이 같은 문제로 문화산업 분야에선 범용 AI 모델보다 전문 AI 모델을 필요로 한다. 저작권 문제가 없고 사용자 친화적인 모델을 원한다. 물론 기업들은 관련 모델을 하나둘씩 내놓고 있다. 일례로 LG AI연구원은 초거대 멀티모달 AI인 엑사원을 응용한 '엑사원 아틀리에' 서비스를 내놨다. 아틀리에는 AI가 입력된 이미지에 대해 사람처럼 자연스럽게 설명하는 것을 넘어 엑사원 언어 모델과 결합해 사용자가 원하는 태스크(Task)까지 수행할 수 있는 AI 서비스다. 사용자가 일일이 텍스트로 원하는 내용을 설명할 필요가 없다. 한 장의 이미지와 요청 사항을 입력하면 수행한다. 마케팅 문구를 만든다고 할 때 원하는 내용을 구구절절 입력하지 않고 이미지 하나로 해결할 수 있는 것이다. 학습 데이터 역시 합법적으로 구매한 데이터만 사용해 저작권 이슈를 차단했다. 이처럼 생성형 AI는 점점 사용자가 안심하고 편하게 사용할 수 있도록 진화해 가고 있다.

참고문헌

김동원(2022.2.15). 뉴욕 패션위크 뒤집은 LG 신입 디자이너, 알고 보니 AI. AI타임스, https://www.aitimes.com/news/articleView.html?idxno=143028

김동원(2022.3.31). [김동원의 Eye-T] 초거대 AI를 두뇌로 탑재한 틸다, 다른 가상인간과 차별점은?. AI타임스, https://www.aitimes.com/news/articleView.html?idxno=143727

김동원(2022.12.12). [생성 AI④] 업무 효율 높일 '파격적인 도구'. THE AI, https://www.newstheai.com/news/articleView.html?idxno=3652

김동원(2023.7.19). 한국 초거대 AI 자존심 '엑사원'이 돌아왔다. THE AI, https://www.newstheai.com/news/articleView.html?idxno

=4177
김동원(2024.5.13). 現 아티스트의 일침 "창작 협력체가 된 AI, 사용 편의성 개선 필요". THE AI, https://www.newstheai.com/news/articleView.html?idxno=5430
변희원(2024.7.8). AI가 닷새만에 영화 뚝딱, 제작비는 0원. 조선일보, https://www.chosun.com/economy/tech_it/2024/07/08/RQLNRCTTI5EF3BH4ROEU77SUGA/

07
전문가를 키우는 AI

영화 〈아이언맨〉에 나오는 AI 비서 '자비스'는 모르는 정보를 물어볼 때마다 조언과 답변을 한다. 어떤 상황이든 구두로 질문하면 이에 관한 답변을 들려준다. 이 같은 비서가 직장에서 함께한다면 어떨까. 제아무리 신입 사원이더라도 경험 많은 직원처럼 근무하고 성과를 낼 수 있을 것이다. 전문가만큼의 업무를 수행하고 지식을 쌓는 것도 빠르게 할 수 있다. 경험 많은 직원들이 은퇴를 앞둔 상황에서 AI가 이들을 대체할 수 있는 직원들의 전문성을 보조하며 산업 생태계를 견고히 하고 있다.

AI와 운동주?

입사한 지 한 달 된 신입이 성과를 낸 비결

자율주행 기술의 궁극적인 목표는 사람이 뒷좌석으로 이동하는 것이다. 굳이 운전석에 앉지 않아도 자동차가 스스로 안전하게 주행하는 시스템을 만드는 것이 자율주행 기술의 목표다. 흔히 이를 자율주행 5단계, 완전 자율주행이라고 부른다. 하지만 지금 기술 수준에서 운전자는 뒤로 갈 수 없다. 아직 자율주행 기술이 완전하지 않다. 그렇다면 지금 자율주행 기술이 가져오는 혜택은 무엇일까.

여러 의견이 많지만, 가장 공감이 갔던 것은 초보 운전자가 완전 초보가 아니라 어느 정도 숙련된 운전자처럼 운전할 수 있게 됐다는 얘기였다. 자율주행 기술 발전은 초보 운전자가 더 능숙하게 운전할 수 있게 돕고, 궁극적으로는 사고를 줄이는 긍정적인 효과를 가져왔다.

AI도 마찬가지다. AI 기술은 경력이 많은 전문가에게도 물론 도움이 되지만, 신입 사원과 같은 경력이 없는 직원에 더 도움이 되는 경우가 많다. 직장에 신입 사원이 입사했다고 가정해 보자. 신입 사원은 회사 시스템을 모르기 때문에 물어봐야 할 것이 많다. 기자라는 직업을 예로 들면, 기사를 쓰는 프로그램은 어떻게 접속해야 하는지, 메일은 어떻게 들어가야 하는지, 어느 곳을 취재해야 하는지, 질의서는 어떻게 써야 하는지, 취재비는 어떻게 청구해야 하는지, 심지어 휴가는 어떻게 갈 수 있는지 궁금한 것투성이다. 하지만 사수는 바쁘다. 마감 시간 안에 취재하고 기사를 제출해야 한다. 사수가 기본적인 것은 알려 줬기 때문에 신입 입장에서 계속 질문을 하기 눈치가 보인다.

그런데 회사에 내부 시스템을 알려 주는 AI 챗봇이 구축돼 있다면 어떨까. 신입 사원은 사수에게 일일이 물어보지 않아도 필요한 정보를 얻을 수 있다. 회사에서 추구하는 기사 형식은 어떤 것인지, 어떻게 시스템에 접속해 기사를 올릴 수 있는지, 휴가 신청은 어떻게 하면 되는지 등을 챗봇을 통해 편안히 알 수 있다. 그만큼 신입 사원은 회사에 빠르게 적응하고 성과를 내게 된다. 자연스레 업무 만족도도 높아진다. 사수 역시 신입 사원에게 많은 시간을 소모하지 않아도 돼 효율적으로 근무할 수 있다.

AI가 가져오는 긍정적인 이면이다. 다양한 산업군에 전문적으로 쓰이는 AI 모델은 업무 자동화를 통한 기존 직원들의 업무 효율 상승에도 긍정적인 영향을 주지만, 무엇보다 경력이 적은 직원들이 전문가처럼 일할 수 있는 근무 환경을 제공한다는 점에서 의미가 크다.

청출어람, 스승보다 뛰어난 AI 선생님

AI는 데이터를 학습해 결과물을 낸다. 전문 분야에 쓰이는 AI 모델의 경우 기존 전문가들의 지식과 경험 등이 담겨 있다. 대전광역시에는 에스아이에이(SIA)라는 업체가 있다. 위성에서 촬영한 영상을 AI로 분석하는 기술을 개발하는 곳이다. 위성영상을 AI로 분석해 변화를 탐지한다. 국방을 예로 들면 북한의 군사 장비가 이동하진 않았는지, 미사일 발사대가 새롭게 세워지지 않았는지 등을 분석해 도발 여부를 탐지한다. 이 회사에선 군에서 오랜 기간 근무하고 전역한 판독관을 채용했다. 수십 년간 군에서 근무하며 적 위치와 아군 위치를 누구보다 잘 알고 있고, 이상 상황에 대한 지식이 많은 이들을 채용했다. 이들의 역할은 'AI 선생님'이다. AI가 북한의 도발 징후 등을 정확히 판별할 수 있도록 그동안의 경험과 지식을 학습시키고 있다. AI는 이들을 통해 높은 품질의 데이터를 학습해 전문성을 가질 수 있다.

이렇게 만들어진 AI 모델은 북한을 촬영한 위성 영상을 분석하며 도발 징후, 위협 여부 등을 판독한다. 적 주요 군사 기지와 장비를 감시하는 역할도 맡는다. 여기서 역할이 끝일까? 아니다. 경험 많은 판독관을 AI 선생님으로 뒀듯이 반대로 신임 판독관이나 학생들에게 선생님 역할을 할 수 있다. AI가 적 주요 군사 기지에 관한 위치나 변화 등에 관한 정보를 제공하면서 이들을 교육하는 것이다.

제조 분야에서도 마찬가지다. 제조업체에서 주로 사용하는 AI 기술은 '예지 보전'이다. 장비가 가동하면서 발생하는 소음과 진동, 전류 등을 데이터 기반으로 분석해 이상 징후를 실시간으로 확인, 관리자에게 알려 주는 기술을 뜻한다. 공장은 멈추면 손실이다. 장비가 고장 나거나 정전 등이 발생해 공정이 멈춰 버리면 금전적인 피해가 이어진다. 업종에 따라 다르지만, 반도체 제조 공장의 경우 피해액이 조 단위에 이를 수 있다. 삼성전자 평택 사업장은 2019년 28분간 공정이 멈추어 선 것 때문에 500억 원 이상의 피해를 보기도 했다. 이 때문에 공장에서는 장비 점검과 이상 탐지를 중요시한다.

그동안 장비나 로봇들의 고장 여부는 경험 많은 직원이 담당했다. 장비에서 나는 소리가 달라졌으니 부품을 갈아야 한다고 판단하는 식이다. 한 직종에 오래 근무한 만큼 말 그대로 척하면 척 아는 직원이 고장 여부를 알려줬다. 또 경험 많은 직원이 일정 주기가 되면 장비들을 점검해 이상 여부를 판단했다. 그런데 이제 경험 많은 직원들이 줄고 있다. 기존 직원들은 은퇴하는 반면, 청년

층은 제조 현장 직업을 기피하면서 세대교체가 빠르게 이뤄지지 않고 있다. 사람이 줄다 보니 직원들의 이직 현상도 늘어나는 중이다. 반대로 부족한 노동력을 채우기 위해 공장에서 도입하는 장비나 로봇은 많아졌다. 이 문제를 해결하기 위해 개발된 기술이 바로 AI 기반 예지 보전이다.

예지 보전은 기계나 장비에 센서를 설치해 소음이나 진동 등의 데이터를 분석해 이상 여부를 판단한다. 이상 여부를 판단하는 AI 모델을 만들 땐 기존 이론과 경험 많은 직원들의 지식과 경험이 합쳐졌다. 이렇게 탄생한 AI는 현장에서 장비 이상 여부를 판별하면서 왜 그러한 결과를 내렸는지를 리포터 형식으로 사람에게 제공한다. 사람은 이를 토대로 장비의 이상 여부 판단 기준 등을 체크할 수 있다. 경험 많은 사람의 데이터를 학습한 AI가 역으로 경험이 없는 직원들의 선생님이 되는 것이다.

AR과 생성형 AI, 디지털 교육 가능성 확장

전문가를 지도하는 AI 기술 발전은 증강현실(AR) 기술과 결합해 그 효과를 높이고 있다. AR은 현실 세계에 가상의 정보나 객체를 겹쳐 보여 주는 기술이다. 현실과 분리된 가상 세계를 보여 주는 가상현실(VR)과 다르다.

AR 글라스는 현실 세계를 보여 주면서 가상의 정보를 제공하므로 교육에서도 활발히 사용된다. 제조 분야에 근무하는 직원이 장비 작동법을 모른다고 가정하자. AR 글라스를 착용하면 이 직원은 장비 공급사와 현실 장면을 공유하며 작동법을 배울 수 있다. 마치 담당자가 현장에서 작동법을 하나하나 알려 주는 것과 같은 효과를 낼 수 있다. 여기에 AI 기술이 붙으면 효과가 배가 된다. 굳이 담당자와 연결이 필요 없다. AR 글라스를 착용하고 장비를 바라본 후 작동법을 알려 달라고 하면 AI가 화면에 있는 객체를 인식하고 필요한 정보를 제공한다. 장비 중 어느 부분을 눌러야 하는지 등에 관한 정보를 화면상에서 보여 주고 상세한 설명글도 화면에 띄운다. 작업자는 AR 글라스를 착용하고 장비를 바라본 것만으로 게임 튜토리얼처럼 장비를 어떻게 작동시켜야 하는지에 대한 상세한 정보를 받을 수 있다.

생성형 AI 역시 교육에 유용하게 쓸 수 있는 기술이다. 사용자가 모르는 정보를 글이나 그림으로 알려 줄 수 있어서다. 회사 내부 데이터를 토대로 필요한 정보를 챗봇처럼 알려 주고 이해를 돕고자 이미지로 만들어 설명할 수도 있다. 이러한 강점 탓에 실제로 생성형 AI는 교육 분야에도 접목되고 있다. 2025년부터 학교 현장에 순

차적으로 도입되는 AI 디지털 교과서가 대표 사례다. 이 교과서는 학생마다 내용이 다른 '맞춤형 교과서'를 목표로 한다. 학생들이 교과서 내 문제를 푼 결과에 따라 난이도를 달리해 제공하는 교과서라고 볼 수 있다. 학생이 취약한 부분을 찾아 개념을 보충 설명하고 유사한 문제를 계속 제공해 숙달시키는 방식이다. 이렇게 얻은 학습 데이터는 교사에게 그대로 전송한다. 이를 통해 교사는 학생들의 개별 수준을 정확히 알고 이에 맞춘 교육을 진행할 수 있다. 그만큼 현장에서 맞춤형 교육이 가능해질 것으로 기대된다.

이처럼 AI는 직장과 학교 등 다양한 분야에서 교육 목적으로 활용되고 있다. 회사에서는 경험 많은 직원들의 지식을 AI를 통해 전수하고, 학교에서는 AI로 맞춤형 학습을 준비하고 있다. AI가 전문가를 양성하는 도구의 역할도 톡톡히 해내는 중이다.

참고문헌

김동원(2021.9.7). "인공위성과 AI가 만나면? 할 수 있는 일 무궁무진하죠"…전태균 SIA 대표 인터뷰. AI타임스, https://www.aitimes.com/news/articleView.html?idxno=140533

김동원(2022.10.31). "공장 시설관리 AI가 맡는다"… 주목받는

'예지보전' 기술. THE AI, https://www.newstheai.com/news/articleView.html?idxno=3495

김동원(2023.2.24). 공부 잘하면 문제 수준 높아지는 'AI 교과서' 도입된다. THE AI, https://www.newstheai.com/news/articleView.html?idxno=3800

김동원(2024.4.3). [김동원의 Eye-T] 화장실이 급하다면, AR글래스를 써보자. THE AI, https://www.newstheai.com/news/articleView.html?idxno=5146

08
전문 AI와 일자리

AI는 일자리 문제에서 벗어날 수 없다. 많은 업무를 자동화하고 효율적으로 수행하게 하는 잠재력을 가진 AI는 노동 시장을 근본적으로 변화시킬 수 있는 기술이기 때문이다. AI는 일자리 문제에서 양날의 칼인 존재다. 사람들의 일자리를 위협할 수 있기도 하고 반대로 일자리를 채워 갈 수도 있다. 전문 분야 일자리 역시 마찬가지다.

AI와 한의학?

전문직도 AI로 대체될 수 있다

AI 발전은 사람들의 업무를 도와주는 조력자 역할을 할 수 있지만 이에 따라 사람의 일자리도 위협할 수 있다. 기존에 2명이 해야 했던 업무를 AI가 보조함으로써 1명이 해낼 수 있다면, 기업은 굳이 비싼 인건비를 치르지 않고 AI를 쓰면 된다. 또 AI가 단순 반복 업무를 하게 되면 해당 업무를 하는 사람을 굳이 채용할 필요가 없다.

단순 반복 업무를 하는 사람만 대체되는 것은 아니다. 전문직에 근무하는 사람 역시 AI로 대체될 가능성이 있다. 2023년 11월 한국은행이 발표한 『AI와 노동시장 변화』 보고서에 따르면 전문직에 있는 사람이 AI에 더 많이 노출돼 있어 대체 위험이 큰 것으로 나타났다. 해당 보고서는 직업별로 AI가 쓰이는 'AI 노출 지수'를 조사하고 이를 기반으로 AI에 대체될 가능성이 큰 직업군을 조사했다. 현재 등록된 AI 특허와 관련된 직업별 업무를 조사하고, 이 특허 기술로 할 수 있는 업무가 각 직업에 얼마나 집중돼 있는지를 지수화했다. 그 결과 '고학력 · 고소득 근로자'일수록 AI에 더 많이 노출돼 있고, 대체 위험도 큰 것으로 나타났다.

AI 노출 지수를 근거로 대체 가능성이 높은 직업군은 전문직으로 꼽히는 의사와 한의사가 많았다. AI 노출 지수가 높은 직업을 보면 일반 의사와 한의사가 상위 1% 이내로 최상위권에 들었다. 전문 의사(7%), 회계사(19%), 자산 운용가(19%), 변호사(21%) 등도 상위권이었다. 반대로 AI 노출 지수가 낮은 직업으로는 음식 관련 단순 종사자, 대학교수와 강사, 상품 대여 종사자, 종교 관련 종사자, 식음료 서비스 종사자, 운송 서비스 종사자 등이 있었다. 단순 반복 업무에 종사하는 이들이 AI로 대체될 가능성이 크다는 일반적인 인식과는 다른 결과였다. 한국은행은 최근 AI 관련 특허 중 의학 산업 분야가 많아져 단순 진단 등의 일부 의사 업무는 AI 대체 가능성이 높은 것으로 나타났다고 밝혔다.

물론 이 보고서의 내용을 그대로 믿을 순 없다. AI 특허를 토대로 했기 때문에 실무에선 다른 견해가 나올 수 있다. 전문직의 업무를 보조하기 위한 AI 기술을 만들고 특허를 등록하는 것이 직업을 대체할 수 있다고 보기엔 당위성이 떨어지기 때문이다. 일례로 현재 의료 분야에서는 영상의학과에 많이 쓰인다. CT, MRI 등의 영상을 판독해 이상 여부를 파악하는 용도로 AI가 쓰이고 있다. 그 이유는 판독해야 할 영상이 크게 늘었기 때문이다. 구진모 서울대학교병원 영상의학과장은 인터뷰에서 "1998년도 펠로 전임의로 근무할 당시에는 하루에는 10

개 정도의 CT 영상을 판독했는데 지금은 하루에 촬영되는 CT 영상이 약 500건"이라고 말했다. 약 25년 만에 판독해야 할 영상 수가 50배 늘어난 셈이다. 하지만 그만큼 인력은 증가하지 않았다. 이 때문에 AI를 보조 수단으로 사용하는 것이다. 이를 두고 직업을 대체한다고 보긴 어렵다.

그렇지만 이번 보고서의 의미는 크다. 전문직 직업이 AI 활용에 노출이 많이 돼 있다는 것을 보여 준 사례여서다. AI로 대체될 직업이 단순히 단순 반복 업무를 하는 이들이 아닌 전문직일 수도 있다는 경각심을 갖게 했다.

AI 사용, 위기 아닌 기회

그런데 정말 AI 발전은 일자리를 줄어들게 할까? 오히려 반대로 직업이 늘어났다는 조사 결과도 있다. 2024년 7월 한국은행 경제연구원이 발간한 ≪경제 분석≫에 게재된 "우리나라 기업의 자동화 기술 도입이 고용량과 임금에 미친 영향에 관한 실질 분석" 논문에 따르면, 기업들이 로봇을 도입한 경우 고용이 줄었지만, AI를 도입한 경우 오히려 새로운 고용이 창출됐다.

통계청의 『2017~2021년 기업활동조사』를 바탕으로 한 이번 조사에선 AI를 도입한 대기업이 그렇지 않은 기업에 비해 고용량 변화율이 1.6% 늘었다. 보고서는 AI가 사람을 보조하거나 보완하기 때문에 고용 창출 효과가 있다고 분석했다. AI가 제품 · 서비스 개발 등 다양한 분야에 활용되고, 작업자의 업무를 대체하는 것이 아니라 보조하며 기업의 성장을 돕기 때문에 오히려 고용 창출에 효과가 있다고 설명했다.

이처럼 AI는 일자리 문제에 있어 여러 이견이 존재한다. 분명한 건 AI가 확실히 일자리에 변화를 가져오고 있다는 점이다. 특히 전문 분야에 사용되는 AI는 일자리에 여러 변화를 가져오고 있다. 웹툰 작가를 예로 들자. 최근 웹툰계에선 생성형 AI를 도입하는 경우가 많아지고 있다. 생성형 AI를 토대로 아이디어를 얻는 경우도 있고, 아예 웹툰에 최적화된 전문 생성형 AI를 사용하는 경우도 있다. 국내 웹툰 생성형 AI 기업인 라이언로켓은 작가가 동작의 스케치를 간단하게 그리면 동작을 유치해 그림을 완성하는 AI를 만들었다. 캐릭터를 그릴 때 간단한 획만으로 동작을 유추해 그림 완성을 도와준다. 웹툰 제작에 들어가는 사람의 노동을 AI가 줄여 주는 것이다. 일반적으로 일주일에 한 번씩 연재되는 웹툰은 보통 한 회 기준 80컷 분량이 된다. 이 작업을 위해 작가는 어시스턴트와 함께 200시간 이상의 노동을 투입해야 한다. AI

는 웹툰 작가의 조수 역할을 하면서 이 노동을 줄여 준다.

이 변화는 노동 시장에도 영향을 준다. 작가들은 AI를 활용함으로써 고용하는 어시스턴트 수를 줄이게 된다. 이제 막 웹툰계에 진출한 신입 작가들은 어시스턴트로 활동하며 실무를 배우곤 하는데, AI가 그 자리를 대체하면서 신입 작가들이 기초를 쌓을 무대가 사라지는 셈이다. 하지만 이 무대가 사라진다고 꼭 나쁠까? 사실 신입 작가들은 다른 무대에 서고 있다. 바로 데뷔 무대다. 웹툰 전문 AI 모델은 신입 작가에겐 유용한 도구다. 웹툰 제작에 쓰이는 AI 모델은 그동안 유명 화풍의 작품과 높은 수준의 웹툰 작품 등을 학습한다. 신입 작가가 이 AI를 활용한다면 기존 경험이 많은 작가 못지않게 작품 완성도를 높일 수 있다. 신입 작가가 기존 작가들과 경쟁할 수 있는 무대가 펼쳐진 것이다. 이는 전체적인 웹툰 시장을 키워 더 많은 작가들이 활동할 수 있는 일자리 창출 효과로 이어진다.

AI가 일자리를 창출하려면

서울교육대학교에서 작곡 관련 교육을 하는 작곡가 출신인 남상봉 교수는 작곡하는 AI 기술이 일자리에 부정적인 영향도 가져오겠지만, 긍정적인 효과가 더 크다고 분석했다. 그는 인터뷰에서 "AI가 작곡가 생태계에 변화를 가져올 것은 분명하다"면서 "작곡과 편곡에서 비교적 간단한 업무를 하던 이들은 타격이 있을 수 있고, 작곡가는 일부 수입이 감소할 수 있다"고 지적했다. 하지만 "음악의 종류는 매우 다양하고 방대한 만큼, AI가 발전하면 많은 사람이 방대한 종류의 음악을 만들 수 있어 결국 새로운 시장이 열릴 것"으로 전망했다. 지금까지 작곡의 문턱은 높았지만, AI가 발전하면서 누구나 자신의 취향대로 음악을 만들 수 있어 더 많은 직업이 탄생할 수 있단 의미다.

카메라와 비슷하다. 카메라가 등장하기 전에 화가들은 주로 인물을 그렸다. 사실주의 화가가 많았다. 하지만 카메라가 등장하면서 화가가 그리는 장르가 바뀌었다. 카메라가 어떤 그림보다 인물을 사실적으로 표현했기 때문이다. 이에 화가들은 사실주의에서 벗어나 사실과 다른 그림을 그리기 시작했다. 얼굴과 사물, 풍경을 있는 그대로 그리기보단 상상력을 기반으로 한 '창작'을 통해 새롭게 표현했다. 입체파 화가 '피카소'가 대표적인 인물이다. 화가라는 직업이 사라진 것이 아니라 변화된 것이다. 이후 관련 직업은 더 많아졌다. 다양한 분야의 디자이너가 등장했고, 사진과 편집 관련 새로운 직업들이 생겼다. 또 스마트폰에 카메라가 탑재되면서 누구나 쉽게 사진을 촬영할 수 있게 됨에 따라 SNS, 블로그 등 플랫폼 산업이 성장하고 관련 일자리가 무수히 창출하게 됐다.

전문 분야에 쓰이는 AI 기술도 이러한 효과를 가져올 수 있다. 스마트폰에 카메라가 탑재되는 것처럼 AI는 누구나 쉽게 작곡, 웹툰 등을 할 수 있게 하면서 시장을 크게 키울 수 있다. 하지만 여기서 중요한 게 있다. 모두가 카메라를 촬영할 수 있는 것처럼, 누구나 AI를 사용할 수 있는 환경을 구축해야 한다. 이를 위해서는 AI를 사용하는 사람이 많아져야겠지만, 무엇보다 누구나 쉽게 AI를 이용할 수 있는 환경을 만들어야 한다. 카메라에 대한 전문 지식이 없어도 누구나 스마트폰으로 사진을 촬영하듯, AI에 대한 이해가 없어도 쉽게 AI를 활용할 수 있는 환경을 구축할 필요가 있다.

참고문헌

정소라, 성낙일(2024.6.30).『우리나라 기업의 자동화 기술 도입이 고용량과 임금에 미친 영향에 관한 실증분석』. 한국은행 경제연구원, https://eiec.kdi.re.kr/policy/domesticView.do?ac=0000185

893
김동원(2022.9.6). [초거대 AI②] '창의력'은 인간의 전유물일까. THE AI, https://www.newstheai.com/news/articleView.html?idxno=3313
김동원(2023.11.23). [AI BUS 2023] "AI가 의사 가운 입어도 전문의 옷 벗지 않는다". THE AI, https://www.newstheai.com/news/articleView.html?idxno=4544
김동원(2024.7.2). [인터뷰] 구진모 플라이슈너 소사이어티 회장 "AI 영상판독, 성적표 나올 때 됐다". THE AI, https://www.newstheai.com/news/articleView.html?idxno=5837
서예림(2024.4.17). [인터뷰] 남상봉 서울교대 교수, AI 시대 작곡을 얘기하다. THE AI, https://www.newstheai.com/news/articleView.html?idxno=5211
서예림(2024.5.31). [AI 실생활 체험기] 생성형 AI, 웹툰 제작에 이렇게 쓸 수 있습니다. THE AI, https://www.newstheai.com/news/articleView.html?idxno=5581
최아리(2024.7.3). AI 도입한 대기업, 일자리 오히려 1.6% 늘었다. 조선일보, https://www.chosun.com/economy/economy_general/2024/07/03/WQDTK3S4L5BYJBFLV2TW65NPEM/

09
전문 AI 구축 방법

왜 우리 기업은 AI를 쓰지 못할까? AI에 관한 소식이 뉴스, 유튜브, SNS 등 다양한 채널에 등장하면서 AI 활용에 관한 관심이 높아졌다. AI를 사용하면 업무 효율을 높일 수 있고 상당수 작업이 자동화될 수 있다는 인식도 커졌다. 그런데 정작 기업에서 AI를 활용하는 이는 적다. 자체적으로 챗GPT 등의 서비스를 이용하는 직원은 있지만, 기업 자체적으로 제공하는 AI를 이용하는 곳은 아직 적다. 전문 AI를 구축하고 활용하기엔 아직 진입 장벽이 높은 탓이다.

AI와 화장품?

AI 도입하려면 거울이 필요하다

AI 도입. 현재 많은 기업에서 강조하는 사항이다. 하지만 AI 도입은 쉽지 않다. AI 기업들을 취재하다 보면 많은 기업이 AI 도입을 추진했다가 실패한다고 한다. 왜 기업들은 AI 도입에 실패할까.

AI를 도입하기 위해 구매해야 할 물건이 있다. 거울이다. 자신을 있는 그대로 보여 주는 거울이 필요하다. 물론 실제로 거울이 필요한 것은 아니다. 하지만 거울을 보는 것처럼 AI를 도입하려는 조직과 단체를 객관적이면서 정확하게 들여다봐야 한다. 예를 들어 〈아이언맨〉의 '자비스'처럼 나만의 AI 비서를 만들고자 한다. 그러면 우선 나에 대한 정보가 필요하다. 어떤 일을 하는지, 취미는 무엇인지, 하루에 어떤 행동을 많이 하는지, 불필요한 행위는 무엇이 있는지 등을 알아야 나에게 맞는 AI를 도입할 수 있다. 현재 나에게 필요한 AI 기능은 무엇이고 어떤 점을 추가해야 성과를 내는지를 알아야 올바르게 AI를 쓸 수 있다. 그렇지 않으면 보편적인 내용을 알려 주는 범용 AI인 챗GPT를 쓰는 것과 다를 바 없다.

기업에서도 마찬가지다. 기업이 AI를 도입하려면 우선 거울을 들여다봐야 한다. 현재 조직에서 AI를 도입했을 때 성과를 낼 수 있는 것은 무엇인지, 어떤 데이터를 보유하고 있는지, 조직원들은 업무에 어떤 불편 사항이 있는지 등을 알아야 한다. AI 도입을 지원하는 기업들은 실제로 고객사를 만나면 당황스러운 적이 많다고 얘기한다. 기업에 존재하는 데이터가 뒤죽박죽인 경우도 많고, 심지어 어떤 분야에 AI 도입이 필요한지 개념이 서 있지 않은 곳도 있다고 한다. AI를 도입하면 좋으니 무작정 도입만 서두르는 곳도 있다는 얘기도 있다.

그렇다면 AI를 도입하기 위해 어떤 점이 필요할까? 세일즈포스는 기업이 AI를 도입할 수 있는 성공 방정식을 크게 4단계로 나눈다. 1단계로 업무 속에 AI가 들어가 있어야 하고, 2단계에서 AI는 회사 업무를 충분히 이해할 수 있어야 한다. 또 3단계에 전산에 흩어진 데이터가 AI 사용 케이스에 알맞게 잘 정리돼 있어야 하고, 마지막 4단계에 결괏값을 신뢰할 수 있도록 검증해야 한다. 이 4단계가 모두 갖춰지지 않으면 성공적으로 AI를 도입하기 어렵다고 본다. 바꿔 말하면 기업은 AI를 어떻게 업무에 활용해야 할지, 어떤 데이터를 활용할지, AI가 내린 결과를 어떻게 검증할지 준비해야 한다.

AI 도입 모범 사례는

세계적으로 AI를 잘 도입했다고 평가되는 기업은 구찌

(GUZZI)다. 실제로 취재하러 다니다 보면 구찌에 관한 얘기를 많이 듣는다. 구찌는 AI를 도입할 때 설계부터 검토까지 계획적으로 진행했다. 여기에 걸린 시간만 1년 반이다. 이 기간에 구찌에 맞는 AI 옷을 만들었다. 흔히 이 과정을 '구찌파이'라 부른다. AI를 '구찌화'했다는 뜻을 담고 있다.

실제로 구찌는 AI를 도입하기 위해 현재 조직에서 AI가 필요한 곳은 무엇인지 분석했다. 또 보유하고 있는 데이터를 일원화해 AI가 정확하고 신뢰할 수 있는 데이터만 학습하게 했다. 이 데이터에는 구찌에서만 사용하는 용어도 포함했다. 회사마다 서로 사용하는 용어가 있는데 이 모든 것을 데이터화한 후 AI에 학습시킨 것이다. 이렇게 만든 모델은 직원들이 직접 검토했다. 회사에서 경험이 많고 일을 잘하는 직원들이 실제로 사용했을 때 이상이 없는지, 신뢰하고 사용할 수 있는지를 검토했다. 비교적 긴 시간을 갖고 AI 도입을 준비하고 검토까지 착실하게 진행한 것이다. 이 모델은 AI 도입의 모범 사례로 꼽힌다.

국내에도 모범 사례는 있다. 미리캔버스를 운영사인 '미리디'가 대표 사례다. 이 회사는 2024년 3월 앤트로픽이 출시한 멀티모달 AI '클로드3'를 응용한 검색 기능을 탑재했다. 사용자가 자신이 원하는 디자인을 사람에게 요구하듯 대화 형식으로 작성하면 여기에 맞는 디자인을 검색해 주는 챗봇을 출시했다. 일례로 "3 · 1절에 관한 포스터를 만들 예정인데, 진지한 분위기보다는 캐릭터들로 구성된 귀여운 느낌의 포스터 초안을 찾아 줘"라고 입력하면 AI가 미리캔버스의 다양한 이미지 중 관련된 내용을 찾아 준다. 기존 키워드 방식보다 더 빠른 시간에 원하는 디자인을 검색할 수 있는 장점이 있다.

이 검색 기능은 미리디 입장에선 중요한 과제였다. 미리캔버스에서는 고객 서비스 향상을 위해 다양한 디자인을 다작(多作)하고 있는데, 디자인이 방대하다 보니 고객이 검색에 많은 시간을 소요해야 했다. 검색 분류 방식도 어려웠다. 미리캔버스는 검색 방식을 키워드로 지정해 놨지만, 이 키워드는 템플릿 디자이너들이 직접 입력해 객관성이 떨어졌다. 일례로 '심플'이라는 키워드면 디자이너마다 심플의 기준이 다르고, 고객마다 또 기준이 달라 검색에 기준이 달라지는 현상이 생겼다. 미리디는 이 문제를 풀기 위해 AI를 도입했다. 미리디가 보유하고 있는 다양한 디자인을 AI로 분석해 검색의 기준을 맞추고, 사용자가 챗봇과 대화하듯 원하는 이미지를 찾아 검색에 들어가는 시간을 줄였다.

이 회사는 현재 고객이 불편해하는 상황을 일일이 모니터링하며 필요한 AI 기술을 찾아냈다. 거울을 들여다보듯 현재 기업이 가진 문제점을 분석하고 이를 해결할 수 있는 AI 모델을 찾은 것이다. 여기에 더해 필요한 파운데이션 모델도 고민했다. 회사 관계자는 AI 모델을 만들기 위해 GPT부터 제미나이, 라마 등 여러 파운데이션 모델을 검토한 후 클로드3를 도입했다고 밝혔다. "검색 기능을 고도화할 때 비전 AI를 이용해 이미지를 분석해 설명할 수 있는 디스크립션(서술, Description)을 뽑아낼 수 있게 했다"며 "클로드3는 멀티모달 기능이 있고 비전 모델만 활용해 유사도 검색을 하게 했더니 감성적인 스타일이 유사한 디자인까지 추천하는 것을 알게 돼 이 모델을 활용했다"고 설명했다. 기업에 필요한 AI를 탐구하고 필요하고 이를 구축할 방안을 고민해 적합한 파운데이션 모델을 찾은 모범 사례다.

AI 도입, 플랫폼으로 쉬워졌다

다행히도 AI 도입은 점점 쉬워지고 있다. AI 도입을 원하는 기업이 많아지면서 그 문턱은 많이 낮아진 상태다. AI를 도입하는 방법은 다양하다. 초거대 AI와 같은 파운데이션 모델을 응용하는 경우도 있고, AI 공급사에서 제공하는 플랫폼을 이용하는 방법도 있다. 기업에서 자체 구축하는 것 역시 방법이다.

현재 AI 기업들은 각 방안을 지원하고 있다. 사용자가 자신에 맞는 AI를 구축할 수 있도록 파운데이션 모델을 지속 고도화하고 있고, 이 모델들을 쉽게 선택해 활용할 수 있는 방법도 제시하고 있다. 아마존웹서비스(AWS)의 '아마존 베드록(Amazon Bedrock)'이 대표 사례다. 아마존 베드록은 하나의 플랫폼에서 여러 파운데이션 모델을 서비스하는 제품이다. 2024년 7월 기준 아마존 타이탄, 앤트로픽 클로드 3.0, 코히어 커맨드, 메타 라마를 비롯해 미스트랄AI, 스태빌리티AI, AI21랩스 등 다양한 모델을 제공하고 있다. 사용자는 베드록에서 제공하는 파운데이션 모델을 쉽게 비교하고 파인 튜닝할 수 있다. 여러 파운데이션 모델을 비교하기 위해 비싼 비용과 시간을 소모할 필요가 없다.

기업들이 필요한 AI 모델을 선택할 수 있는 플랫폼도 나왔다. 대표 플랫폼은 오픈AI의 'GPT스토어'다. 애플의 앱스토어나 구글의 플레이스토어와 같은 앱 장터라고 보면 된다. GPT를 기반으로 만들어진 AI 앱이 상품으로 등록돼 있다. 출시 3주 만에 300만 건이 넘는 AI 앱이 나왔다. 논문 정보를 알려 주는 챗봇부터 짧은 동영상을 만들어 주는 AI, 마케팅 문구를 만들어 주는 AI, 심지어 타투 도안을 만들어 주는 이미지 생성형 AI까지 그 종류도 다양하다. 소비자는 이미 만들어진 AI 앱을 필요에 따라 구매해 사용할 수 있다. 모델 설계와 코딩 등 복잡했던 작업이 마우스 클릭 몇 번만으로 바뀐 것이다.

GPT스토어의 기업 버전도 있다. 국내 생성형 AI 기업인 올거나이즈는 '알리 LLM 마켓' 플랫폼을 출시했다. 일반, 법률, 인사, 고객 지원, 생산성, 기타 등 카테고리를 분류해 기업에서 사용할 수 있는 AI 앱을 제공한다. GPT스토어와 다른 점은 기업 간 거래(B2B)에 특화한 앱을 제공한다는 점이다. 여기선 클라우드 서비스와 함께 온프레미스(사내 구축형), 퍼블릭 · 프라이빗 클라우드가 혼재된 하이브리드 클라우드 방식으로도 AI 앱을 제공한다. 기업이 해당 앱을 기업에 설치해도 내부 데이터가 외부에 유출되지 않도록 다양한 선택지를 주고 있다. GPT스토어의 경우 GPT 내부에서만 이용할 수 있어 기업에 온프레미스 형태의 구축은 불가능하다.

참고문헌

김동원(2024.1.30). 'GPT스토어'보다 앞선 한국판 AI 앱 마켓이 있다?!. THE AI,

https://www.newstheai.com/news/articleView.html?idxno=4888

김동원(2024.3.19). 세일즈포스가 밝힌 AI 성공방정식. THE AI, https://www.newstheai.com/news/articleView.html?idxno=5086

김동원(2024.3.26). [인터뷰] 미리캔버스 디자인 검색, AI로 쉬워진다. THE AI, https://www.newstheai.com/news/articleView.html?idxno=5119

김동원(2024.5.16). "생성형 AI, 모델 하나가 모든 것을 지배할 순 없다". THE AI, https://www.newstheai.com/news/articleView.html?idxno=5455

김동원, 서예림(2024.5.20). [인터뷰] 세일즈포스가 'AI 변호사'인 이유. THE AI, https://www.newstheai.com/news/articleView.html?idxno=5477

10
전문 AI의 한계와 유의점

기업에 전문적으로 사용할 수 있는 AI를 구축했다. 그러면 이제 직원들의 업무 효율은 높아지고 기업의 생산성은 올라갈까? 사실 AI는 현실과 이상의 갭이 크다. 사람들의 기대치는 지속적으로 높아지고 있지만, 실제로 사용하게 되면 실망감을 크게 느끼게 된다. 전문 AI는 사람들이 생각하는 만큼 완벽한 존재가 아니고 유의할 점도 많다.

종교와 AI?

AI에 대한 높아진 기대감이 주는 오해

한 행사장에서 H그룹 AI 담당자를 인터뷰한 적이 있다. 80년 이상 구축된 데이터를 잘 정리해 기업에서 쓸 수 있는 AI 챗봇을 만들었다고 한다. 이 챗봇에 만족한 직원도 있었지만, 불만도 있었다. 가장 큰 불만은 AI가 모르는 내용이 너무나 많다는 것이었다. 알고 보니 해당 직원은 기업 내 정보뿐 아니라 인터넷으로 검색할 수 있는 모든 정보를 이 챗봇이 얘기해 주길 원했다. 챗GPT와 같은 성능을 기대한 것이다. 하지만 이 기업이 구축한 챗봇은 기업에서 쓸 수 있는 전문 AI였다. 방대한 데이터를 학습해 방대한 정보를 얕게 아는 범용 AI 모델이 아니라 회사와 관련된 특정 분야를 깊숙이 아는 챗봇이었다. 당연히 사용자의 입력한 모든 내용을 처리할 수 없었다. 인터뷰를 한 담당자는 "챗GPT 등장 이후 임직원의 눈높이가 너무 높아졌다"면서 "기업에서 쓰는 전문 AI를 챗GPT처럼 만들라는 지시도 있는데 두 모델의 차이를 명확히 구별할 수 있었으면 좋겠다"고 토로했다.

범용 AI와 전문 AI는 비슷하지만 다르다. 사용하는 방법은 비슷해도 개발된 목적부터가 차이가 난다. 그런데 챗GPT의 파급력이 큰 탓일까. 현장에서는 전문 AI를 범용 모델처럼 쓰길 원한다. 하지만 전문 AI는 챗GPT처럼 다방면으로 사용할 순 없다. 방대한 정보를 알려 주거나 기존에 없던 텍스트와 이미지를 생성해 영감을 제공할 순 없다.

군이 비교하자면 챗GPT는 도서관이다. 정말 많은 정보를 담고 있다. 업무에 필요한 여러 정보를 얻을 수 있다. 사실 여부를 알 수 있는 도서뿐 아니라 소설, 시 등 창작물도 많다. 반면, 전문 AI는 기업에 있는 서류 보관함과 같다. 다양한 정보는 없지만, 기업에 꼭 필요한 정보들만 수록돼 있다. 이 보관함에서 백과사전과 같은 정보를 얻을 순 없다. 전문적으로 활용할 수 있는 AI 모델이지, 범용적으로 사용할 수 있는 모델이 아니기 때문이다.

AI는 미운 오리 새끼다

기업에 전문적으로 쓰일 수 있지만 바로 성과를 기대하긴 힘들다. 단기간에 업무 능률이 올라가고 기업 생산성이 높아지진 않는다. 종종 AI를 도입해 업무 시간을 단축했다거나 직원 생산성이 몇 퍼센트 높아졌다는 기사가 보도되긴 하지만, 이 내용은 인스타그램이나 페이스북 등에 올라오는 게시물과 비슷하다. 사람들이 SNS에 남들에게 자랑하고 싶은 사진과 글만 올리듯, AI 성과도 자랑할 수 있는 것만 보도된다. 그 이면엔 많은 실패가 존재한다.

실제로 AI를 처음 도입하면 보통 실망하게 된다. 생각했던 것보다 못 하는 것이 많기 때문이다. 챗GPT도 처음 출시됐을 당시 세종대왕이 맥북을 던졌다는 등의 엉뚱한 발언을 했다. 말을 만드는 과정, 즉 텍스트를 출력하는 과정에서 영어가 아닌 다른 언어는 종종 오류를 일으켰고, 다른 사용자에게 대화 내역을 노출하는 끔찍한 실수를 저지르기도 했다. 네이버의 '하이퍼클로바X'도 출시 당시 챗GPT보다 성능이 떨어진다는 비판을 받았다.

사실 AI는 처음부터 완벽할 수 없다. 갓 태어난 사자가 사냥하지 못하고, 막 알에서 나온 독수리가 하늘을 날지 못하듯 AI도 처음부터 사용자가 기대하는 만큼 완벽한 성능을 내진 못한다. 하지만 시간이 지날수록 AI는 개선된다. 사자가 사냥하는 법을 배우듯, 독수리가 하늘을 나는 법을 배우듯, AI는 사람들이 사용할수록 성능이 높아진다. 사용량이 늘어날 때마다 축적되는 데이터와 피드백을 통해 AI 모델이 발전해서다. 데이터가 많아지고 다양화되면 AI는 더 다양한 패턴과 예외 상황을 학습할 수 있다. 또 사용자가 제시한 출력값에 대한 피드백을 분석해 성능 업데이트에 반영할 수 있다. 일례로 챗GPT는 출력값과 함께 원하는 결과가 만족스러운지, 두 가지 출력값을 제시하고 어떤 결과가 더 좋은지 묻는 경우가 있다. AI는 여기서 사용자가 내린 피드백을 분석해 어떤 결과를 추출하는 것이 좋은지 판단할 수 있는 것이다.

전문 AI도 마찬가지다. 기업에서 사용하는 횟수가 증가할수록 성능은 개선된다. 당장은 미운 오리 새끼더라도 추후엔 백조가 될 수 있다. 단, 오리가 백조가 되기 위해선 높은 품질의 데이터라는 먹이와 안전하게 행동할 수 있는 지속적인 교육이 필요하다.

AI, 생각 근육을 훔치다

기업에 AI를 잘 구축한다면 분명 성과는 있다. AI콘택트센터(AICC)의 경우 AI로 인해 직원과 고객의 만족도가 모두 높아졌다. 고객에게 전화가 오고 인적 사항 등을 얘기하면 AI는 그 고객이 어떤 제품을 구매했는지, 기간을 얼마나 됐는지 알려 준다. 또 기존 데이터를 토대로 어떤 제품에 무슨 이상이 생겼을지도 예측해 준다. 상담원은 AI가 제시한 내용을 토대로 고객이 원하는 내용을 즉시 알려 줄 수 있다. AI가 보급되기 전에는 사람이 고객의 말을 듣고 일일이 검색해 가며 조치 사항을 알려 줘야 했다. 그만큼 시간이 많이 들어 고객의 불만 지수는 높아지고, 상담원도 높은 업무 강도에 시달려야 했다.

이처럼 전문 AI는 기업에 긍정적인 영향을 줄 수 있다. 하지만 조심해야 하는 부분이 있다. 유능한 직원들이 '생각하는 힘'을 잃지 않도록 해야 한다.

AI가 상용화되면서 여러 문제가 수면 위로 드러나고 있다. 거짓을 사실처럼 얘기하는 할루시네이션 현상, AI가 윤리적이지 않은 데이터를 출력하는 현상, AI를 학습하는 과정에 저작권을 침해하는 현상 등이 발생했다. 공모전과 같은 대회에 AI가 만든 작품을 인정해야 하느냐, 아니냐에 대한 사회적 합의점도 마련되지 않았다. 하지만 이보다 더 큰 문제가 있다. 사람이 스스로 행동하지 않고 계속 AI에 의존하는 문제가 발생할 수 있다.

야구에서 스트라이크와 볼을 판별하는 중요한 역할을 기계가 하고 있다. 투수가 던진 공이 스트라이크존을 지났는지 컴퓨터가 판별해 주심에게 알려 준다. 간혹 애매모호한 판정이 나오기도 하고, 타자가 이해하지 못하는 판정도 나오지만 수긍한다. 사람이 아닌 컴퓨터가 판독했기 때문이다. 과거 사람인 주심이 판정했다면 심한 욕설이 나오고 야구 배트가 던져질 수 있는 상황이었다. 그런데 컴퓨터가 판독한 내용은 정말 다 맞을까?

사실 AI도 실수한다. 2015년 트위터에는 구글의 '오토 태깅 서비스(Auto-Tagging Service)'를 비난하는 글이 올라왔다. 자신의 여자 친구를 고릴라로 태깅했단 글이었다. 오토 태깅 서비스는 사용자들이 업로드한 사진에 나타나는 객체 유형을 AI로 자동 태깅하는 기술이다. 오토바이를 타고 있는 사진을 찍으면 '오토바이', '선글라스', '청바지 입은 남성' 등을 자동으로 태깅한다. 그런데 이 서비스는 흑인 여성을 고릴라로 태깅했다. 인종차별 문제까지 이어질 수 있는 문제였다. 구글은 즉시 사과했고 이 문제를 해결할 것을 약속했다.

메타는 2023년 11월 과학 문헌 생성형 AI '갤럭티카'를 출시했지만 3일 만에 폐쇄했다. 과학 분야에서는 특히 사실적인 내용이 중요한데 갤럭티카가 사실과 허구를 구분하지 못하고 부정확한 내용을 생성했기 때문이다. 당시 검색 기술을 연구하던 워싱턴대학교 생물학 교수 칼 버그스트롬(Carl Bergstrom)은 "갤럭티카는 지적으로 보이지만 자세히 보면 헛소리를 무작위로 생성하는 도구"라고 지적했다. 독일 막스 플랑크 지능형 시스템 연구소의 마이클 블랙(Michael Black) 연구원도 "갤럭티카는 과학적인 방법에 근거하지 않으면서 사실처럼 들리게 하는 새로운 과학을 제공한다"면서 "통계적 속성을 기반으로 사이비 과학을 생산한다"고 비난했다.

이처럼 AI는 반드시 옳은 답만 제시하진 않는다. 그런데 AI가 보편화되면서 이 기술을 맹신하는 경향이 생겼다. 사람보다 공평할 것이란 인식이 강하다. AI 모델을 다름 아닌 사람이 만들고 있음에도 말이다. 이 현상은 자칫 AI가 내린 결과만으로 모든 것을 판단하는 오류로 이어질 수 있다. AI가 판독한 의료영상을 의사가 검토하지 않고 그대로 환자에게 알려 주는 문제가 발생할 수 있는 것이다.

또 다른 문제는 종속이다. AI는 회의 내용 정리부터 요약, 검색, 메일 초안 작성 등 다양한 업무를 보조한다. 사람은 편하다. AI가 본인의 작업을 보조해 주면서 신뢰할 수 있는 결과를 추출하기 때문이다. 그런데 너무 AI에 의지하게 되면 사람과 AI의 역할이 바뀔 수 있다. AI가 주체가 되고 사람이 보조하는 역전 현상이 발생하는 것이다.

사람이 충분히 할 수 있는 일인데도 AI에 맡기고, 사람이 더 잘할 수 있는 작업인데도 귀찮다는 이유로 AI로 처리할 수 있다. 광고 디자이너라는 전문 인력을 채용했더니 이 인력이 본인이 디자인하지 않고 생성형 AI로만 작업하는 경우가 실제로 발생할 수 있다. 편리함만 추구하다 보니 사람이 생각하는 힘을 잃는 것이다. 따라서 전문

AI를 직장에서 사용할 땐 가이드라인이나 규정 등을 만드는 작업이 필요하다. 자칫하다 AI 때문에 진짜 전문가를 잃을 수 있기 때문이다.

참고문헌

김동원(2023.5.17). 챗GPT 허언증은 '애교' 수준, AI가 저지른 역대급 실수 'TOP 5'. THE AI, https://www.newstheai.com/news/articleView.html?idxno=4035

김동원

조선미디어그룹이 설립한 인공지능 전문매체 ≪THE AI≫의 기자 겸 편집장이다. 서강대학교 미디어커뮤니케이션대학원에서 언론정보를 전공했다. 인공지능, 반도체 등 테크 분야를 주로 취재한다. 대통령 직속 국민통합위원회 'AI 확산에 따른 미래갈등 대비' 자문단으로 근무했다. 현재 국제인공지능윤리협회 자문위원으로 활동하고 있다.